Transilvania

ROMÂNIA

Transylvania

fotografii / photographs
FLORIN ANDREESCU

text / text
MARIANA PASCARU

traducere engleză / English translation
ALISTAIR IAN BLYTH

consultant design / design consultant
VALI CRAINA

Editat: ©Ad Libri
Toate drepturile asupra prezentei lucrări aparțin editurii **Ad Libri**.
Reproducerea integrală sau parțială a textelor sau ilustrațiilor
este posibilă numai cu acordul prealabil scris al editurii **Ad Libri**.
tel./fax: 021.212.35.67, 021.210.88.64, 021.610.37.92
e-mail: adlibri@adlibri.ro
www.adlibri.ro
www.calator-pe-mapamond.ro

Descrierea CIP a Bibliotecii Naționale a României
TRANSILVANIA, TRANSYLVANIA
  foto: Florin Andreescu; text: Mariana Pascaru;
  trad. lb. eng.: Alistair Ian Blyth; - București : Ad Libri, 2016
  ISBN 978-606-8050-73-7

I. Andreescu, Florin (foto)
II. Pascaru, Mariana (text)
III. Blyth, Alistair Ian (trad.)

77.04:913(498.4)(084)

Fotografii / Photos:
Florin ANDREESCU
Text / Text:
Mariana PASCARU

Transilvania
ROMÂNIA
Transylvania

Ad **Libri**

Preambul

Transilvania este un loc aparte, cu trăsături istorice, etnice, culturale și etnografice care o particularizează de celelalte provincii ale României. Trecutul multietnic și tradițiile multiculturale și-au lăsat pentru totdeauna amprenta asupra acestei regiuni.

Populația autohtonă românească, organizată în „țări" și voievodate conduse de cneji, a fost cucerită, începând din secolul al XI-lea până în secolul al XIII-lea, de regatul ungar. Odată cu constituirea domeniilor feudale este adusă în Transilvania populație maghiară, iar pentru consolidarea stăpânirii lor, regii unguri îi stabilesc în regiune pe coloniștii sași (de orgine germană) și secui.

Românii, maghiarii, sașii și secuii – etnii atât de diferite între ele – au reușit să creeze aici o lume inconfundabilă, care și-a păstrat în mare parte caracterul arhaic. Orașele transilvănene sunt diferite de tot ceea ce veți vedea în alte părți ale țării: burgurilor medievale li s-a imprimat o linie barocă, după ce Transilvania a intrat sub administrație habsburgică (1699). De-abia după Primul Război Mondial, Transilvania, împreună cu celelalte teritorii locuite de români – Banat, Crișana, Maramureș –, s-a unit cu România, la 1 Decembrie 1918, dată la care se sărbătorește și azi Ziua Națională a României.

O călătorie prin Transilvania ne conduce în miezul unei lumi diferite, cu burguri clădite după model german, biserici fortificate și numeroase monumente de arhitectură gotică, renascentistă și barocă. Atât satele, cu cetăți de tip țărănesc, cât și orașele, puternic fortificate odinioară, au devenit azi centre turistice animate.

Așezată în interiorul arcului carpatic, Transilvania, „țara de dincolo de pădure", este, paradoxal (având în vedere că se numără printre cele mai circulate areale ale țării), una dintre regiunile cu peisajele cele mai sălbatice. Departe de agitația orașelor, în mijlocul munților veți putea descoperi peșteri, forme carstice și stranii formațiuni naturale, majoritatea declarate rezervații naturale.

Preamble

Transylvania is a special place, with historical, ethnic, cultural and ethnographic features that separate it from the other provinces of Romania. A multi-ethnic history and multicultural traditions have forever left their mark on the region.

The native Romanian population, organised into țări (lands) and voevoda states, was conquered between the eleventh and thirteenth centuries by the Kingdom of Hungary. Once feudal domains were established, Hungarians settled in Transylvania, and in order to consolidate their rule, the Hungarian kings also brought Saxon and Szekler colonists to the region.

Romanians, Hungarians, Saxons and Szeklers – all very different ethnic groups – managed to create here a unique world, which has in large part preserved its archaic character. The towns of Transylvania are different to anything you will see in other parts of Romania: the mediaeval burgs acquired a baroque imprint after Transylvania came under the administration of the Habsburg Empire (1699). It was not until after the First World War that Transylvania, together with the other territories inhabited by Romanians – Banat, Crișana, Maramureș – united with Romania, on 1 December 1918, which date is now the National Day of Romania.

A journey through Transylvania takes us to the heart of a different world, with burgs built after the German model, fortified churches, and countless monuments of Gothic, Renaissance and Baroque architecture. Both the villages, with their peasant fortresses, and the cities, also formerly fortified, have become lively tourist destinations.

Situated within the Carpathian arc, Transylvania, "the land beyond the forest", is, paradoxically (given that it is one of the most visited parts of Romania), one of the regions with the most wildernesses. Far from the bustle of the cities, in the midst of the mountains you will find caves, karst features and strange natural formations, the majority of them having been declared nature reserves.

Dacia Felix

În vederea cuceririi Daciei, conduse de regele Decebal, trupele romane au trecut Dunărea în anul 101 a.Chr., i-au învins pe daci și au colonizat sudul teritoriului acestora, transformându-l în provincie romană, numită *Dacia Felix* (adică „Dacia cea roditoare"). Din amestecul etnic al dacilor și romanilor a luat naștere poporul român. Romanii au stăpânit aproximativ 165 de ani centrul și sud-vestul Daciei, construind aici drumuri, castre, orașe și efectuând exploatări miniere. Vestigiile de pe cuprinsul anticei *Dacia Felix* mai pot fi văzute și azi.

Cetățile dacice din Munții Orăștiei
Munții Orăștiei din sud-vestul Transilvaniei au adăpostit odinioară nucleul regatului dac. Între secolele I a.Chr.-I p.Chr., strămoșii românilor – „nemuritorii" geți (daci), care se închinau lui Zamolxe – au ridicat în mijlocul acestor munți mai multe cetăți. Fortărețele, înconjurate de tipice ziduri de calcar șlefuit și perfect îmbinat (*murus dacicus*), reprezintă un sistem de apărare unic în arhitectura europeană.
Centrul militar, politic, economic și religios al dacilor era Sarmizegetusa Regia. Cetatea a fost amenajată pe mai multe terase antropice. Platoul superior era legat de zona sacră a sanctuarelor, situate pe două terase, de o *via sacra*. Înaintea cuceririi și distrugerii ei de către romani, Sarmizegetusa Regia era unul dintre cele mai importante centre metalurgice din Europa.
Căile de acces spre capitală erau protejate de multe alte cetăți, amplasate de regulă în punctele strategice: Costești-Cetățuie, Costești-Blidaru, Luncani-Piatra Roșie, Bănița, Căpâlna. Toate aceste fortificații au fost incluse pe Lista Patrimoniului Mondial UNESCO.
Ulpia Traiana Sarmizegetusa, situată la 40 km est de fosta capitală a regatului dac, Sarmizegetusa Regia (distrusă de romani), a fost fondată între 108 și 110. Orașul, populat cu militari care au luat parte la războaiele dacice, a devenit centrul politic, economic, militar, administrativ și religios al provinciei romane Dacia.

Castrele romane din județul Sălaj
Granița de nord a Imperiului Roman (*limes*) se afla pe culmile Munților Meseș, unde fuseseră construite 80 de turnuri și castre. Cel mai important centru militar era castrul de la Porolissum.

Alba Iulia – Traseul celor trei fortificații
Orașul antic *Apulum* s-a dezvoltat în jurul celui mai puternic castru roman din piatră din Dacia – sediul celebrei Legiuni a XIII-a Gemina. Mai pot fi observate încă ruinele Porții de Sud (*Principalis Dextra*) și ale laturii de sud, cu grosimea de 1,5-2 m. Castrul, de formă patrulateră, avea suprafața de 37 ha.
Cetatea medievală (secolul XVI) a fost ridicată peste zidurile castrului roman, fiind întărită în 1625, în timpul domniei principelui Gabriel Bethlem, de unde și numele bastionului de sud-est (Bastionul Bethlem).
Cetatea Alba Carolina, în formă de stea, întărită cu șapte bastioane, a fost construită în stil Vauban, între 1715-1738, după planurile lui Giovanni Morando Visconti. Pe acest loc exista o fortăreață încă din secolul al X-lea. Inițial avea șase porți, decorate în stil baroc cu basoreliefuri realizate de Johann König, înfățișând scene mitologice.

Dacia Felix

Aiming to conquer Dacia, ruled at the time by King Decebalus, Roman legions crossed the Danube in 101 A.D. and defeated the Dacians, colonising the south of the territory and transforming it into a Roman province named Dacia Felix ("Fruitful Dacia"). From the ethnic mix of Dacians and Romans was born the Romanian people. The Romans ruled south and south-western Dacia for around one hundred and sixty-five years, building here roads, forts and towns, as well as conducting mining activities. Vestiges of ancient Dacia Felix can still be seen today.

The Dacian forts of the Orăștia Mountains
The Orăștia Mountains of south-western Transylvania once sheltered the nucleus of the Dacian kingdom. Between the first century B.C. and the first century A.D., the ancestors of the Romanians – the "immortal" Getae, who worshipped Zalmoxis – built in the midst of these mountains many forts. The forts, surrounded by polished limestone walls made of perfectly interlocking blocks (murus dacicus), represent "a defensive system unique in European architecture".
The military, political, economic and religious centre of the Dacians was Sarmizegetusa Regia. It was built over a number of man-made terraces. The upper plateau is connected to the sacral area of the sanctuaries, situated on two terraces, by a sacred way. Before its conquest and destruction by the Romans, Sarmizegetusa Regia was the most important metallurgical centre in Europe outside the Roman Empire.
The access routes to the capital were protected by other forts, situated as a rule at strategic points: Costești-Cetățuie, Costești-Blidaru, Luncani-Piatra Roșie, Bănița, Căpâlna. All these forts are listed as UNESCO World Heritage Sites.
Ulpia Traiana Sarmizegetusa, situated 40 km east of the former capital of the Dacian kingdom, Sarmizegetusa Regia (destroyed by the Romans), was founded between 108 and 110 A.D. The town, populated by soldiers who had taken part in the Dacian Wars, became the political, economic, military, administrative and religious centre of the Roman province of Dacia Felix.

The Roman forts of Sălaj county
The northern border (limes) of the Roman Empire ran along the peaks of the Meseș Mountains, where eighty turrets and castra were built. The most important military centre was the castrum at Porolissum. Stretching over a surface area of 200 hectares, the ruins of an amphitheatre have been preserved

Alba Iulia – The Three Forts Trail
The ancient town of Apulum developed around the most powerful Roman stone castrum in Dacia – the base of the celebrated Legion XIII Gemina. The ruins of the South Gate (Principalis Dextra) can still be seen today, with walls measuring between 1.5 and 2 metres thick. The rectangular fort has a surface area of 37 hectares. The mediaeval citadel (sixteenth century) was built on top of the walls of the Roman castrum, and was reinforced in 1625, during the reign of Prince Gabriel Bethlem, whence the name of the south-east bastion (the Bethlem Bastion).
The Alba Carolina fort, in the shape of a star, reinforced by seven bastions, was built in the Vauban style between 1715 and 1738, and was designed by Giovanni Morando Visconti. On the site there was still a fortress dating from the tenth century. The Alba Carolina Fort initially had seven portals, decorated in the baroque style, with bas-reliefs fashioned by Johann König, depicting mythological scenes.

Țara Hațegului

Socotită bastionul sud-vestic al Transilvaniei, Țara Hațegului, protejată de munți din toate părțile, a fost în Evul Mediu unul dintre cele mai puternice centre ale românilor liberi, organizați în cnezate. În această „țară" atestată încă din anul 1247, suprapusă peste nucleul statului dac și al Daciei romane, sunt concentrate unele dintre cele mai importante monumente românești de arhitectură religioasă, militară și civilă. Satele păstrează biserici ortodoxe una mai veche decât cealaltă, majoritatea datând din secolele XII-XIV, dar și alte ctitorii – cetăți cneziale (Răchitova, Mălăiești, Colț), conace și castele ale familiilor nobiliare (Nălaț-Vad, Unirea Berthelot, Săcel, Râu de Mori). Deși integrată din secolele XIII-XIV în regatul Ungariei, Țara Hațegului a fost singurul ținut în care românii au reușit să-și păstreze o anumită autonomie și drepturi politice, ca răsplată pentru curajul de care au dat dovadă în luptele antiotomane. Zona, cu suprafața de peste 1.000 km², străbătută de cursurile Streiului, Râului Mare și Galbenei, dispune de un potențial turistic remarcabil. În imediata apropiere se întinde Parcul Național Retezat, cu numeroase trasee amenajate, iar la nord Ținutul Pădurenilor, cu Lacul Cinciș, unul dintre cele mai frumoase locuri din țară. Aici se află o rezervație de zimbri, precum și un Geoparc al Dinozaurilor, înființat în urma descoperirii în zonă a numeroase fosile de dinozauri pitici.

Bisericile cneziale din Țara Hațegului se caracterizează prin eclectismul elementelor. Au la bază materiale de construcție romane, îmbină elemente ale stilurilor arhitecturale romanic și gotic, iar picturile sunt tributare tradiției bizantine.

Biserica din Densuș, o construcție cu totul neobișnuită, a fost ridicată în secolul al XIII-lea pe locul unui edificiu precreștin din secolul al IV-lea, folosindu-se materiale (pietre cu inscripții, pietre funerare, capiteluri, tuburi de canalizare) de la Ulpia Traiana Sarmizegetusa. Valoroasele picturi murale interioare, executate de Ștefan Zugravu, datează din prima jumătate a secolului al XV-lea.

La Sântămăria-Orlea, o altă biserică de secol XIII, în stil romanic târziu, conservă frumoase picturi interioare, realizate în trei etape succesive, cel mai vechi strat datând de la 1311.

Castelul Cândeștilor/Kendeffy (secolul XIV), situat pe malul Râului Mare din Sântămăria-Orlea, a fost refăcut în stil baroc în secolul al XVIII-lea.

În Strei se află o altă biserică din piatră, datând de la sfârșitul secolului al XIII-lea și începutul secolului al XIV-lea. A fost înălțată peste ruinele unei *villa rustica* de tip roman. Picturile interioare (secolul XIV) îmbină elemente stilistice bizantine și romanico-gotice.

Ruinele cetății Colț-Suseni, ctitorie de secol XIV, străjuiesc de pe un colț de stâncă valea Râușorului. Se pare că fortificația a fost sursă de inspirație pentru *Castelul din Carpați*, de Jules Vernes. La poalele sale puteți vedea biserica schitului Colț, tot de secol XIV, ridicată ca biserică de curte a reședinței cneziale a Cândeștilor. Biserica din piatră, al cărei turn piramidal se înalță – spre deosebire de celelalte biserici din piatră din Hațeg – deasupra altarului, conservă în interior un ansamblu de picturi realizate după 1377.

La Ribița, o altă ctitorie cnezială, biserica *Sfântul Nicolae*, datând din secolul al XIV-lea, se caracterizează prin folosirea elementelor arhitectonice gotice, iar, în ceea ce privește pictura, prin respectarea tradiției bizantine. Potrivit pisaniei, pictura datează din 1417.

Hațeg Land

Reckoned a bastion of south-western Transylvania, the Hațeg Land, sheltered by mountains on all sides, was in the Middle Ages one of the most powerful centres of the free Romanians, organised into states ruled by knjazija (counts). In this land, attested as early as 1247, coexistensive with the Dacian kingdom and Roman Dacia, were concentrated some of the most important monuments of Romanian religious, military and civil architecture. The villages preserve Orthodox churches dating as far back as the twelfth to fourteenth centuries, as well as other historic monuments – the fortresses of the knjazija (Răchitova, Mălăiești, Colț), manor houses, and castles of noble families (Nălaț-Vad, Săcel, Râu de Mori). Although absorbed by the Kingdom of Hungary between the thirteenth and fourteenth centuries, the Hațeg Land was the only region in which Romanians managed to preserve a certain autonomy and political rights, as a reward for the courage they displayed in the struggle against the Ottoman Turks.

Stretching over one thousand square kilometres, the region has a remarkable tourism potential. The Retezat National Park lies in the immediate vicinity, with numerous hiking trails, and the Pădureni Region to the north, with Cinciș, one of the most beautiful lakes in the country. Here there is also a European bison reserve, as well as a Dinosaurs Geopark, set up following the discovery of numerous dwarf dinosaur fossils in the area.

The churches founded by the knjazija of the Hațeg Land are characterised by the eclecticism of their architectural features. They employ Roman building materials, and combine the Romanic and Gothic styles, while the murals derive from the Byzantine tradition.

The church of Densuș, a highly unusual structure, was built in the thirteenth century on the site of a pre-Christian edifice from the fourth century, using materials (votive stones, funerary slabs, capitals, drainpipes) from Ulpia Traiana Sarmizegetusa. The impressive interior murals, painted by Stefan the Zôgraphos, date from the early fifteenth century.

At Sântămăria Orlea, another thirteenth century church, in the late Romanic style, preserves beautiful interior murals, painted in three successive stages, with the oldest layer dating from 1311.

The Castle of the Cândești/Kendeffy (fourteenth century), on the banks of the Râul Mare in Sântămăria Orlea, was rebuilt in the baroque style in the eighteenth century.

In Strei there is a stone church, dating from the late-thirteenth/early-fourteenth century. It was built on the ruins of a Roman villa rustica. *The interior murals (fourteenth century) combine Byzantine and Romanic-Gothic elements.*

The ruins of the Colț-Suseni Fortress, built by Knjaz Cândea in the fourteenth century, overlook the Râușoru Valley from a crag. It seems that it was the inspiration for Jules Verne's Castle in the Carpathians. *At the foot of the crag, you can see the church of the Colț hermitage, also dating from the fourteenth century, which was built as a court chapel for the Cândea knjazija. The church, whose pyramidal tower rises – in contrast to those of the other churches of Hațeg – above the altar, preserves mural paintings which date from after 1377.*

At Ribița can be found the Church of St Nicholas, founded by the knjazija in the fourteenth century. The church is characterised by the use of Gothic elements, but the murals respect the Byzantine canons. According to the dedicatory inscription, the murals date from 1417.

Siebenbürgen
„Țara celor șapte cetăți"

Cunoscută odinioară și sub denumirea de *Siebenbürgen*, „țara celor șapte cetăți", Transilvania era reprezentată de cele șapte cetăți legendare ale sașilor: Bistrița, Brașov, Cluj (înlocuit cu Sebeș, după ce a devenit calvinist, în secolul al XV-lea), Mediaș, Orăștie (înlocuit din secolul al XV-lea cu Reghinul), Sibiu și Sighișoara.

Bistrița
Orașul Bistrița (*Bistritz, Beszterce*), de pe cursul Bistriței Ardelene, la poalele Munților Bârgăului, a fost întemeiat de coloniștii germani în secolul al XII-lea. În secolul al XV-lea, Iancu de Hunedoara, regent al Ungariei, a construit aici o cetate, fortificată mai târziu cu un zid de apărare, un bastion și 13 turnuri.
Simbol al Bistriței este considerată Biserica Evanghelică (secolul XV), cu un turn de 74 m, construită în stil gotic, ulterior modificată în stil renascentist. Din centura de fortificații medievale a orașului – dărâmată în 1863, în urma hotărârii curții imperiale de la Viena – s-a păstrat doar Turnul Dogarilor (secolul XV), cu o înălțime de 25 m; astăzi adăpostește o interesantă expoziție de măști și păpuși. Tot aici, în apropiere de parcul orașului puteți vedea un fragment din vechiul zid de pe latura sudică a cetății înconjurate odinioară de șanțuri umplute cu apă din Bistrița. Cele 13 pasaje pietonale, care fac legătura între arterele importante, îi transpun pe vizitatori în atmosfera burgului medieval.

Brașov
Unul dintre principalele centre turistice ale țării, Brașovul (*Kronstadt, Brassó*), așezat la poalele Muntelui Tâmpa, a conservat impecabil centrul vechi, cu numeroase edificii în stil gotic, renascentist, baroc, neoclasic sau Art Nouveau. Piața Sfatului este dominată de celebra Biserică Neagră (1384-1477), cea mai mare construcție în stil gotic din România, având fațadele împodobite cu numeroase sculpturi.
Odată cu transformarea Brașovului într-un puternic centru comercial și meșteșugăresc, s-a impus fortificarea lui. Încă din secolul al XIV-lea s-au construit ziduri de apărare înalte de 12 m, groase de aproape 2 m și lungi de 3 km, cetatea fiind înconjurată de șanțuri umplute cu apă.
Pe latura de vest a vechiului burg, Turnul Porții Ecaterinei (1540), unul dintre simbolurile Brașovului, are patru turnulețe pe colțuri, simbolizând *ius gladii*, adică dreptul de a aplica pedeapsa capitală.
Aleea după Ziduri este o promenadă amenajată între vechile ziduri de pe latura nordică și pârâul Graft (deviat pe traseul vechiului șanț al cetății), care susură la poalele dealului Warthe (Straja). Deasupra, pe culmea dealului se înalță Turnul Negru și Turnul Alb (secolul XV), două puncte de belvedere, de unde se deschid priveliști asupra burgului medieval.
Aleea de sub Tâmpa este străjuită de Bastionul Postăvarilor, Bastionul Funarilor și Bastionul Țesătorilor, ultimul fiind cel mai bine păstrat monument de acest fel din Transilvania. De formă pentagonală, cu trei turnuri pătrate și ziduri groase de 4-5 m, azi adăpostește Muzeul „Cetatea Brașov și Fortificațiile din Țara Bârsei". În această zonă, aproximativ în dreptul Bastionului Funarilor, se află stația de telecabină, care urcă pe Muntele Tâmpa, până la înălțimea de 967 m, la 300 m deasupra orașului.

Cluj-Napoca
Fosta cetate dacică Napoca a devenit, în timpul stăpânirii romane, *municipium*, apoi *colonia* (*Aurelia Napoca*). După retragerea aureliană, cetatea din Cluj mai este menționată documentar abia în 1213, sub numele de *Castrum Clus*. În 1316, Clujul a fost ridicat la rangul de *civitas* de regele Ungariei, Carol Robert de Anjou, în 1405 acordându-i-se statutul de oraș liber, precum și dreptul de a ridica o a doua incintă fortificată, de către Sigismund de Luxemburg. Regele Matei Corvin, originar de aici, i-a acordat o serie de privilegii, ceea ce a dus la dezvoltarea orașului.
Centrul orașului Cluj-Napoca (*Klausenburg, Kolozsvár*) este dominat de Catedrala romano-catolică *Sfântul Mihail*, construită între secolele XIV-XV în stil gotic; turnul neogotic, cu o înălțime de 80 m, datează din secolul al XIX-lea. În apropiere, în Piața Unirii atrage atenția un grup statuar de mari dimensiuni, reprezentându-l pe Matei Corvin călare, realizat în 1902 de artistul János Fadrusz.
Din fortificațiile ridicate după 1407, care îngrădeau o suprafață de 45 ha și cuprindeau 20 de turnuri și porți, s-au mai păstrat fragmente din zidul de apărare (între strada Potaissa și Napoca) și Bastionul Croitorilor. Ambele aparțin celei de-a doua incinte, ridicate în secolele XV-XVI; prima incintă, mai veche (secolul XIII), nu s-a păstrat aproape deloc.
Fortificația Cetățuia (1715-1735), în stil Vauban, se înalță în vârful unei coline, de unde se deschid vederi largi asupra orașului.

Mediaș
Mediașul (*Mediasch, Medgyes*), una dintre cele șapte cetăți medievale săsești, este atestat din 1267. Un important centru meșteșugăresc odinioară, *civitas Mediensis* a conservat impecabil vechiul complex fortificat al Castelului, situat în perimetrul centrului istoric (Piața Regele Ferdinand) și dominat de biserica *Sfânta Margareta* (secolele XIV-XV). Turnul Trompetiștilor, de aproape 70 m, este puțin înclinat, având o deviație de peste 2 m de la verticală. Sistemul de fortificații al orașului, cuprinzând trei linii de ziduri cu înălțimea de peste 7 m, ridicate la ordinul lui Matei Corvin, între 1440 și 1534, 19 bastioane și turnuri, 3 porți principale și patru secundare, s-a păstrat în mare parte. Mai puteți vedea fragmente din vechiul zid de incintă, porți și 10 turnuri.

Orăștie
Cetatea Orăștiei (secolele XIV-XV), extinsă în secolul al XVII-lea, înglobează două biserici fortificate – una din secolul al XIV-lea, folosită azi de comunitatea maghiară de confesiune reformată, și cealaltă ridicată de comunitatea săsească evanghelică în 1830 – și, între ele, o rotondă cu o vechime de o mie de ani (secolul XI). Cel mai bine s-au păstrat zidurile de pe latura estică, unde ajung până la înălțimea de 7 m.
Centrul așezării este dominat de o frumoasă biserică ortodoxă cu hramul *Sfinții Arhangheli Mihail și Gavriil*, cu picturi exterioare realizate de Dimitrie Belizarie.

Sibiu
După invazia tătarilor din 1241, în urma căreia așezarea a fost distrusă, Sibiul (*Hermannstadt, Nagyszeben*) a fost fortificat, în patru etape (secolele XIII-XVI), cu masive ziduri din cărămidă roșie, prevăzute cu 39 turnuri de apărare și 5 bastioane.
Linia primei incinte de fortificații, ridicată între 1191-1224, apăra Biserica Evanghelică (din Piața Huet). A doua centură de fortificații (1224-1241) a fost construită în jurul Pieței Mici. Între 1357-1366 a fost fortificată partea sud-estică a cetății. De abia la mijlocul secolului al XV-lea, în 1457, a fost înconjurat cu ziduri și Orașul de Jos.
Pe latura de sud-est a cetății Sibiului, între Strada Cetății și Bd. Corneliu Coposu, s-a păstrat aproape integral linia zidului de incintă a celei de-a treia centuri, apărată de patru turnuri. De-a lungul acestor ziduri, cu înfățișarea neschimbată de mai mult de șase sute de ani, a fost amenajată încă

Siebenbürgen
"The Land of the Seven Cities"

din 1791 o promenadă, care poate fi socotită una dintre principalele atracții turistice ale Sibiului.
Biserica Evanghelică (secolul XIV), monument reprezentativ al stilului gotic transilvănean, cu un turn având o înălțime de peste 73 m, adăpostește o frumoasă orgă în stil baroc, construită în 1671 de un meșter slovac.
Vechii cetăți de pe malul râului Cibin nu-i lipsește nici unul din elementele caracteristice unei cetăți săsești autentice: străzi înguste și abrupte, de-a lungul cărora se aliniază case de meșteșugari, piețe largi, a căror strălucire amintește de vremurile când jucau rol de centru al comunității, ziduri de incintă, bastioane și turnuri alcătuind un redutabil sistem de apărare, pasaje, scări și poduri care ne transpun de-a dreptul în Evul Mediu. Acestui auster ansamblu medieval i s-a imprimat mai târziu o linie barocă, mai ales în Orașul de Sus; la urma urmei, farmecul Sibiului este sporit de clădirile cu elemente arhitecturale specifice barocului vienez, înălțate după ce Transilvania a intrat sub administrație habsburgică (1699).
Sibiul este unul dintre puținele orașe europene al căror centru istoric reprezintă un ansamblu unitar. Declarată rezervație de arhitectură medievală, această zonă, care se întinde pe o suprafață de 80 ha, și-a conservat integral caracterul istoric.

Sighișoara
Minunata Sighișoara (*Schäßburg, Segesvár*), care și-a căpătat pe bună dreptate renumele de „Nürnberg transilvănean", se înalță în trepte pe Dealul Cetății (cu altitudinea de 425 m), de pe malul stâng al Târnavei Mari.
Sighișoara, unul dintre puținele orașe-cetăți locuite din lume, poate fi o frumoasă ilustrare la o lecție de urbanistică medievală. Aici, elementele universului medieval s-au păstrat întocmai: zidurile înalte și puternice, cu bastioane și nouă turnuri de apărare, care o încing pe o lungime de 920 m, austerul Turn cu Ceas, cu un surprinzător acoperiș în stil baroc, tipica piață centrală – unde altădată se afla stâlpul infamiei, se judecau procesele și aveau loc execuțiile –, bisericile gotice, străduțele înguste, șerpuitoare, pavate cu piatră, casele vechi cu fațade în culori pastelate și mușcate la ferestre…
La sfârșitul secolului al XIV-lea, sistemul de fortificații al Sighișoarei era în mare parte definitivat. Construcțiile ample din această perioadă sunt o dovadă grăitoare a prosperității localității, datorate mai ales breslelor.

Formerly known as the Siebenbürgen, the "land of the seven cities", Transylvania was represented by the seven legendary citadels of the Saxons: Bistrița, Brașov, Cluj (replaced by Sebeș, after it became Calvinist, in the fifteenth century), Mediaș, Orăștie (replaced in the fifteenth century by Reghin), Sibiu and Sighișoara.

Bistrița
The city of Bistrița (Bistritz, Beszterce), on the course of the Transylvanian Bistrița was founded by German colonists in the twelfth century. In the fifteenth century, Iancu of Hunedoara, Regent of Hungary, built a citadel here, which was later fortified with a defensive wall, a bastion, and thirteen towers.
The symbol of Bistrița is the Evangelical Church (fifteenth century), with its seventy-four-metre tower, built in the Gothic style, and later altered in the Renaissance style.
Of the mediaeval fortifications of the city – demolished in 1863, following a decision by the imperial court in Vienna – only the fifteenth-century Coopers' Tower has been preserved. Twenty-five metres in height, today it houses an interesting exhibition of masks and dolls. Also here you can see a fragment of the old south wall of the fortress, surrounded by ditches filled with water from the Bistrița. The thirteen pedestrian passages linking the main thoroughfares transport visitors into the atmosphere of a mediaeval burg.

Brașov
One of the country's main tourist centres, Brașov (Kronstadt, Brassó), situated at the foot of the Tâmpa Mountain, has preserved its old centre, with numerous edifices in the Gothic, Renaissance, Baroque, neo-classical and Art Nouveau styles. Sfatului Square is dominated by the celebrated Black Church (1384-1477), the largest Gothic structure in Romania, whose façades are adorned with numerous sculptures. Once Brașov had been transformed into a powerful commercial and manufacturing centre, it became necessary to fortify the city. As early as the fourteenth century, twelve-metre-high, two-metre-thick defensive walls were built over a distance of three kilometres, and the city was surrounded with moats. On the west side of the old burg, the Ecaterina Gate Tower (1540), one of the symbols of Brașov, has four corner turrets, symbolising the ius gladii, which is to say the right to administer capital punishment. The Lane behind the Walls is a promenade between the old walls on the north side and the Graft Brook (diverted along the course of the old city moat), which burbles at the foot of the Warthe (Straja) Hill. Above, at the top of the hill, stand the Black Tower and the White Tower (fifteenth century), where you can see panoramic views of the mediaeval burg. The Lane below the Tâmpa is flanked by the Draper's Bastion, the Rope-makers' Bastion and the Weavers' Bastion, the latter being the best-preserved

monument of its kind in Transylvania. Pentagonal in form, with three square towers and walls four to five metres thick, today it houses the Brașov Citadel and Bârsa Land Fortifications Museum. In the same area, to the right of the Rope-makers' Bastion, can be found the station for the cable-cars that travel to the top of Tâmpa Mountain, at an altitude of 967 metres, 300 metres above the city.

Cluj-Napoca

The old Dacian fortress of Napoca became, under Roman rule, a municipium, then a colonia (Aurelia Napoca). After the withdrawal under Aurelian, the city of Cluj is not mentioned in documents until 1213, under the name of Castrum Clus. In 1316, Cluj was elevated to the rank of civitas By Carol Robert of Anjou, the King of Hungary, and in 1405 Sigismund of Luxembourg granted it the status of free city, as well as the right to erect a second fortified precinct. King Matthias Corvinus (Hunyadi Mátyás), who was born in Cluj, granted it a series of privileges which led to the development of the city. The centre of Cluj Napoca (Klausenberg, Kolozsvár) is dominated by the Roman-Catholic Cathedral of St Michael, built in the Gothic style in the fourteenth-fifteenth centuries. The neo-gothic tower, eighty metres in height, dates from the nineteenth century. Nearby, in Unirii Square, there is a group of statues, representing Matthias Corvinus on horseback, fashioned by sculptor János Fadrusz in 1902.

Of the fortifications erected in 1407, which enclosed a surface area of forty-five hectares and included twenty towers and gates, only fragments of the wall (between Potaissa and Napoca Streets) and the Tailors' Bastion remain. Both were part of the second precinct, built in the fifteenth-sixteenth centuries; the first, older precinct (thirteenth century) has almost completely vanished.

The Vauban fortress of Cetățuia (1715-35) stands on top of a hill, from where there are sweeping views of the city.

Mediaș

Mediaș (Mediasch, Medgyes), one of the seven mediaeval Saxon cities, is first attested in 1267. Formerly a major manufacturing centre, civitas Mediensis has impeccably preserved its fortified castle complex, situated in the historic centre (King Ferdinand Square) and dominated by the Church of St Margaret (fourteenth-fifteenth century). The Trumpeters' Tower, almost seventy metres in height, is slightly leaning, with a deviation of two metres from the vertical. The city's system of fortifications, comprising three lines of walls more than seven metres in height, built at the orders of Matthias Corvinus between 1440 and 1534, nineteen bastions and towers, three main gates and four secondary gates, has largely been preserved. You can still see fragments of the old city walls, gates, and ten towers.

Orăștie

Orăștie Castle (fourteenth-fifteenth century), extended in the seventeenth century, incorporates two fortified churches – one fourteenth-century, now used by the Hungarian Reformed community, the other built by the Saxon Evangelical community in 1830 – and, between them, a one-thousand-year-old rotunda (eleventh century). The walls of the east side, which reach a height of seven metres, are the best preserved.

The centre of the town is dominated by a beautiful Orthodox church, dedicated to the Holy Archangels Michael and Gabriel, with exterior murals painted by Dimitrie Belizarie.

Sibiu

After the Tartar invasion of 1241, as a result of which the city was destroyed, Sibiu (Hermannstadt, Nagyszeben) was fortified in four stages (thirteenth-sixteenth centuries) with massive redbrick walls, which had thirty-nine defensive towers and five bastions and stretched over approximately four kilometres. The line of the first city wall, built between 1191 and 1224, defended the Evengelical Church (in Huet Square). The second city wall (1224-41) was erected around Small Square. Between 1357 and 1366, the south-east part of the city was fortified. It was not until the mid-fourteenth century, in 1457, that the Lower City was surrounded by walls.

From that time, the Soldisch and Haller bastions, and the Steps, Council, Carpenters', Harquebusiers', Potters', Gros, Tanners' and Powder Magazine towers have been preserved. The entrance to the city was through the beautiful Ocna, Elzabeta, Tower and Cisnădia fortified gates, the latter unfortunately demolished in the nineteenth century.

On the south-east side of Sibiu, between Cetății Street and Corneliu Coposu Boulevard, the walls of the third precinct, defended by four towers (Harquebusiers', Potters', Carpenters' and Gros) have almost entirely been preserved. Along these walls, almost unchanged for six hundred years, there has been a promenade since 1791, which can be reckoned one of the main tourist attractions of Sibiu.

The fourteenth-century Evangelical Church, a monument representative of the Transylvanian Gothic, with a tower more than seventy-three metres in height, is home to a beautiful Baroque organ, built in 1671 by a Slovak master.

The old city on the banks of the Cibin River does not lack any of the characteristic elements of all authentic Saxon cities: steep, narrow streets lined with craftsmen's houses; broad squares, whose brilliance recalls the times when they were the centre of the community; walls, bastions and towers, forming a redoubtable system of defence; passages, steps and bridges that transport us back to the Middle Ages. This austere mediaeval city was later given a Baroque imprint, especially in the Upper City. In the end, the charm of Sibiu is enhanced by the architectural elements specific to the Viennese Baroque, built after Transylvania became part of the Habsburg Empire in 1699.

Sibiu is one of the few European cities whose historic centre is a unitary whole. Declared a reserve of mediaeval architecture, the area, which stretches over eighty hectares, has entirely preserved its historic character.

Sighișoara

The wonderful Sighișoara (Schäburg, Seges-vár), which has rightly won renown as a "Transylvanian Nuremburg", rises in steps up Citadel Hill (altitude 425 metres) on the left bank of the Greater Târnave River.

Sighișoara, one of the few inhabited fortress-towns in the world, is a beautiful illustration of mediaeval town planning. Here, the elements of the mediaeval world have been perfectly preserved: high, powerful walls, with bastions and nine defensive towers, stretching for 920 metres, the austere Clock Tower, with its astonishing Baroque roof, the typical central square, where the pole of infamy once stood, and executions carried out, the Gothic churches, the narrow cobbled streets, the old houses with their pastel façades and geraniums at the window…

By the end of the fourteenth century, Sighișoara's system of fortifications, inhabited by craftsmen and rich merchants, was largely complete. The structures from this period are an eloquent testimony to the wealth of the townsfolk, due largely to the guilds.

Indubitably a fascinating symbol of Sighișoara, the Clock Tower (thirteenth-fourteenth century), formerly named the Council Tower (the first storey was the residence of the Town Council for a long time), has guarded for centuries the main entrance to the citadel.

Bisericile fortificate

În centrul vechilor așezări rurale înființate de coloniștii sași în provincia românească Transilvania în secolul al XII-lea se află câte o biserică întărită cu ziduri de apărare, care servea și ca loc de refugiu în caz de primejdie. Dominând împrejurimile, unele dintre ele aveau chiar și două-trei incinte, turnuri, drumuri de strajă deasupra zidurilor, barbacane și pasaje secrete. Înăuntru, de-a lungul zidurilor se înșiruiau cămările, în care își depozitau sătenii proviziile și unde se retrăgeau când satele le erau atacate.

Bisericile-cetăți transilvănene nu sunt unice în lume, dar sunt valoroase prin originalitatea sistemului defensiv de tip țărănesc și prin densitatea lor. Ca urmare a izolării lor, departe de alte influențe, au păstrat multe elemente arhaice, dispărute în celelalte părți. Impresionantă este și concentrarea lor într-un teritoriu nu foarte mare. Dacă înainte în Transilvania existau 300 de biserici fortificate, astăzi doar 150 de sate mai păstrează asemenea construcții. Dar chiar și așa, numărul lor este foarte mare!

Deși încadrându-se, în mare, în același tipar, bisericile fortificate sunt atât de deosebite una de cealaltă, încât vizitarea lor se poate transforma într-o adevărată provocare. Unele conservă elemente neobișnuite, de influență cisterciană (ca la Prejmer) ori barocă (ca la Igișul Nou), sau alte curiozități arhitecturale (precum turnul masiv de deasupra halei bisericii și capela romanică alipită laturii sudice, de la Axente Sever), iar altele îmbină elemente romanice, gotice și neoclasice (ca la Cristian, județul Brașov). Pe ziduri au fost descoperite picturi murale, ascunse sub un strat de zugrăveală după Reformă (în urma căreia au fost interzise cu strictețe imaginile religioase figurative). Numeroase biserici păstrează obiecte lucrate de aurarii și argintarii din burgurile medievale, mobilier decorat cu motive tradiționale săsești sau orologii din secolul al XVI-lea (precum cel de la Hărman).

Din păcate, multe dintre aceste cetăți țărănești, aflate sub tutela bisericii din centrul lor, au ajuns într-o stare precară, aproape de prăbușire în unele cazuri. Moștenirea sașilor, care și-au abandonat satele în timpul perioadei comuniste, dar și după 1990, emigrând în Germania, este în pericol de a dispărea. Dacă șapte dintre aceste biserici – Biertan, Câlnic, Dârjiu, Prejmer, Saschiz, Valea Viilor, Viscri – au fost incluse pe Lista Patrimoniului Mondial UNESCO, multe riscă să se deterioreze din cauza proastei întrețineri; altele sunt aproape uitate de lume, din cauza izolării lor.

În mijlocul cetății țărănești de la Viscri (*Deutschweisskirch*), la 40 km de Sighișoara, înălțată între secolele XV-XVII, cu dublă incintă și cinci turnuri de apărare, s-a păstrat o veche biserică în stil gotic, construită pe locul unei capele romanice (secolele XII-XIII). Biserica din Prejmer (*Tartlau*), la 15 km de Brașov, a fost construită între 1241-1250 în stil gotic timpuriu, de inspirație cisterciană, suferind transformări în 1512-1515. A fost fortificată în secolele XV-XVI, devenind cea mai puternică cetate țărănească din Transilvania. În incinta cetății țărănești din satul Biertan (*Birthälm*), a fost ridicată între 1492-1516 o biserică fortificată. Ansamblul fortificat este format din trei incinte, întărite cu turnuri și bastioane de apărare. Așezarea Valea Viilor (*Wurmloch*), la 50 km de Sibiu, numită odinioară Vorumloc, păstrează o frumoasă biserică fortificată, cu hramul *Sfântul Petru*. A fost construită în secolul al XIII-lea; la sfârșitul secolului al XV-lea a fost înconjurată cu puternice ziduri de apărare, cu o înălțime de 8 m, prevăzute cu turnuri. Admirăm aici un tabernacol gotic și strane în stilul Renașterii timpurii (1528). Biserica fortificată din centrul satului Saschiz (*Keisd*) a fost construită între 1493-1496. Incinta fortificată a bisericii nu s-a păstrat până în zilele noastre. În satul Câlnic (*Kelling*), la 28 km de Alba, se găsește una dintre cele mai vechi cetăți din Transilvania, ridicată în jurul anului 1200. În secolele XV-XVI a fost amenajată ca cetate țărănească, construindu-se o centură exterioară de ziduri. În satul Dârjiu (*Dersch*), la 18 km de Odorheiu Secuiesc, a fost construită în secolele XIII-XIV o biserică în stil romanic, transformată mai târziu în stil gotic, iar apoi fortificată (incintă poligonală cu ziduri înalte și turn de poartă).

The fortified churches

In the centre of each of the rural settlements founded by the Saxon colonists in Transylvania in the twelfth century there was a church fortified with defensive walls, which served as a place of refuge in times of peril. Dominating the surrounding area, some of them even had two or three precincts, towers, sentinel walkways on top of the walls, barbicans, and secret passages. Inside, along the walls, there were storerooms, in which the villagers kept provisions and where they sheltered when their villages were under attack.

The Transylvanian citadel-churches are not unique in the world, but they are valuable for the originality of their peasant defensive system and their density. As a result of their isolation, far from other influences, they preserved many archaic features that vanished elsewhere. Also impressive is their concentration over a not very large area. Although there were once three hundred fortified churches in Transylvania, today only one hundred and fifty villages still preserve such structures. Even so, the number is still very large.

Although they fall within the same broad typology, the fortified churches are so different from one another that visiting them can provide you with a real challenge. Some preserve unusual features of Cistercian influence (such as Prejmer) or the Baroque (such as Ighișul Nou) or other architectural curiosities (such as the massive tower above the nave and the Romanic chapel adjoined to the south side of the church at Axente Sever), while other combine Romanic, Gothic and neo-classical elements (such as Cristian – Brașov). Numerous churches preserve objects fashioned by the gold and silversmiths of the mediaeval burgs, stone and wood carvings, furniture with traditional Saxon motifs, old organs, and sixteenth-century clocks.

Unfortunately, many of these peasant citadels, under the tutelage of the churches at their heart, have reached a precarious state, on the verge of collapse in some cases. The heritage of the Saxons, who abandoned their villages during the communist period, as well as after 1990, emigrating to Germany, is in danger of disappearing. While seven of these churches – Biertan, Câlnic, Dârjiu, Prejmer, Saschiz, Valea Viilor, Viscri – have been listed as UNESCO World Heritage Sites, many risk deteriorating because of lack of maintenance; others (Archita, Ighiş, Axente Sever) are almost forgotten, because of their isolation.

In the middle of the peasant citadel at Viscri (Deutschweisskirch, built in the fifteenth-seventeenth centuries, with its double precincts and five defensive towers, there is a Gothic church, which stands on the site of a former Romanic chapel (twelfth-thirteenth centuries). The church at Prejmer (Tartlau) was built in the early Gothic style between 1241 and 1250 and is Cistercian in inspiration, with alterations dating from 1512-15. It preserves a valuable polyptic altar, painted in the fifteenth century, and an organ dating from 1803. It was fortified in the fifteenth-sixteenth century, becoming one of the most powerful peasant citadels in Transylvania. In the peasant citadel in the village of Biertan (Birthälm) (80 km from Sibiu), a fortified church was built between 1492 and 1516. The fortified complex is made up of three precincts, fortified with towers and defensive bastions. The settlement of Valea Viilor (Wurmloch) (50 km from Sibiu), once known as Vorumloc, preserves a beautiful fortified church, dedicated to St Peter. It was built in the thirteenth century. At the end of the fifteenth century, it was surrounded with powerful defensive walls, eight metres in height, fitted with turrets. Here we can admire a Gothic tabernacle and choir stalls in the early Renaissance style (1528). The fortified church at the centre of the village of Saschiz (Keisd) (20 km from Sighişoara) was built between 1493 and 1496. It has a single nave, elongated choir, and a polygonal apse. There is a walkway resting on arches and supported by massive buttresses. Also in Saschiz, on a nearby hill, there is a peasant citadel dating from the fourteenth-fifteenth century. In the village of Câlnic (Kelling) (28 km from Alba) there can be found one of the oldest citadels in Transylvania, built around the year 1200. In the fifteenth-sixteenth centuries, a peasant citadel was built, with an outer belt of walls. In the village of Dârjiu (Dersch) (18 km from Odorheiu Secuiesc), attested in documents dating back to 1334, a church in the Romanic style was built in the thirteenth-fourteenth centuries, which was later altered in the Gothic style, and then fortified (the polygonal precincts with high walls and a gate tower).

Bisericile de lemn din Sălaj

După ce Transilvania a fost integrată în regatul ungar, românilor nu li s-a permis să locuiască în interiorul zidurilor cetăților săsești și nici să-și ridice biserici ortodoxe din piatră. Aveau statut de națiune tolerată, fiind complet lipsiți de drepturi, din punct de vedere politic, economic, social, administrativ și religios. De-abia în 1781 românilor li s-a dat voie să își construiască biserici în cetăți și orașe. Astfel se explică numărul extrem de redus al lăcașurilor de cult ortodox din piatră de pe teritoriul Transilvaniei. Sunt însă numeroase exemple de arhitectură populară din lemn, care, deși de proporții modeste, impresionează prin desăvârșita armonie a construcției.

Mai puțin faimoase decât bisericile de lemn din Maramureș, lăcașurile de cult din județul Sălaj sunt la fel de ilustrative pentru civilizația lemnului. Impresionante exemple de artă țărănească, expresii ale spiritualității rurale, bisericile sălăjene datează din perioada secolelor XVI-XIX. Există peste o sută de astfel de biserici, dintre care 68 au fost declarate monumente istorice.

Migălos sculptate în lemn cu motive decorative stilizate (cruci, rozete, frânghii, vrejuri, unda apei) și acoperite cu șindrilă, bisericile sălăjene, deși de dimensiuni reduse, atrag atenția prin echilibrul desăvârșit al proporțiilor. Pereții sunt uneori încinși de jur-împrejur cu brâie late sculptate cu motivul frânghiei răsucite. Turnurile clopotniță se înalță, de regulă, peste pronaos numai până la nivelul coamei acoperișului, de acolo începând foișorul încununat de un coif foarte ascuțit. Unele păstrează valoroase iconostase și picturi murale, de factură populară.

În aproape fiecare așezare de pe văile Someșului, Almașului sau Agrijului puteți descoperi astfel de monumente ale arhitecturii populare din lemn. Foarte puțină lume știe ce comori ascund aceste sate, care ar merita să fie incluse în traseele turistice. Uneori pe o rază de 10 km se găsesc chiar și cinci biserici din lemn.

Unul dintre cele mai frumoase monumente sălăjene este biserica din Fildu de Sus (1727), de pe Valea Almașului, în apropierea cetății medievale (secolul XIII) din Almaș. În Poarta Sălajului se află o biserică din secolul al XVII-lea, cu niște console foarte ample, un altar asimetric și un luminator original, în forma unei flori. Biserica de lemn din Sânmihaiu Almașului (secolul XVIII), o construcție armonios proporționată, se înalță pe vârful unui deal de pe Valea Almașului. Deși într-o stare precară, pe pereții din interior se mai pot vedea scene biblice și chipuri de sfinți. Biserica din Baica (1645), de plan dreptunghiular, cu absidă poligonală decroșată, cu un turn clopotniță cu foișor pe pronaos, păstrează frumoasele decorații sculptate și picturile din secolul al XVIII-lea. Cumva diferită de toate celelalte biserici sălăjene, amintind mai degrabă de construcțiile maramureșene din lemn, biserica din Racâș (1558) conservă picturile murale, în nuanțe șterse, care au fost restaurate în anul 2006.

The Wooden Churches of Sălaj

After Transylvania became part of the Kingdom of Hungary, Romanians were not allowed to dwell within the walls of the Saxon towns, and nor to build Orthodox churches in stone. They had the status of tolerated nation, wholly lacking political, economic, social, administrative and religious rights. It was not until 1781 that Romanians were allowed to build churches in towns and cities. This explains the low number of stone Orthodox churches in Transylvania. However, there are numerous examples of wooden folk architecture, which, although modest in dimensions, are impressive for the consummate harmony of their construction.

Less famous than the wooden churches of Maramureș, the churches of Sălaj county are just as illustrative of the culture of wood. Impressive examples of peasant art, the churches of Sălaj date from the sixteenth-nineteenth centuries. There are more than a hundred such churches, of which sixty-eight have been declared historic monuments.

Meticulously carved in wood, with stylised motifs (crosses, rosettes, ropes, tendrils, water waves) and shingled roofs, the churches of Sălaj, although small in size, are impressive for the harmony of their lines and proportions. The walls are sometimes girded with a broad band sculpted with the motif of a twisting rope. The bell towers as a rule rise above the nave/women's entrance only as far as the level of the crest of the roof, whence begins a belvedere with a very pointed roof. Some churches preserve valuable icon screens and murals that are of folk workmanship.

In almost every settlement in the Someș, Almaș and Agriju Valleys you can discover such monuments of wooden folk architecture. Very few people know what treasures these villages conceal, villages which ought to be included in the tourist circuit. Sometimes, within a radius of ten kilometres, as many as five wooden churches can be found.

One of the most beautiful monuments of Sălaj is the church of Fildu de Sus (1727) in the Almaș Valley, near the mediaeval citadel (thirteenth-century) of Almaș. In Poarta Sălajului there is a seventeenth-century church with ample consoles, an asymmetrical altar and an original skylight in the form of a flower. The wooden church at Sânmihaiu Almașului (eighteenth-century), a harmoniously pro-portioned structure, rises on the top of a hill in the Almaș Valley. Although in a precarious state, the interior walls still preserve biblical scenes and images of the saints. The church in Baica (1645), rectangular in plan, with an unhooked polygonal apse, a belfry, and a belvedere above the nave, preserves beautiful sculpted decorations and murals from the eighteenth century. Somewhat different to other Sălaj wooden churches, reminiscent of the wooden structures of Maramureș, the church in Racâș (1558) preserves murals, in faded hues, which were restored in 2006.

Mărginimea Sibiului

Zona etnografică denumită Mărginimea Sibiului cuprinde 18 sate situate la poalele munților, în sud-vestul județului Sibiu, între valea Sadului, la sud, valea râului Săliște, la nord, valea Oltului, la est, și valea Sebeșului, la vest: Boița, Sadu, Râu Sadului, Tălmaciu, Tălmăcel, Rășinari, Poplaca, Gura Râului, Orlat, Fântânele, Sibiel, Vale, Săliște, Galeș, Tilișca, Rod, Poiana Sibiului și Jina. Aceste vechi așezări de români, acoperind o arie de 200 km², sunt emblematice pentru civilizația pastorală transhumantă. Satele conservatoare de aici prezintă o serie de caracteristici arhaice, de mult dispărute în alte părți ale țării. Arhitectura tipică, de influență saxonă (case și curți dispuse în linie dreaptă, legate prin porți masive), dar cu multe elemente românești, portul popular (cu a sa inconfundabilă combinație alb-negru), obiceiurile specifice de iarnă, tradițiile ancestrale (pictura de icoane pe sticlă), dansurile (călușarii, brâul, sârba lui Ghiboi) conferă acestui perimetru un caracter special, de rezervație rurală, am putea spune.

Aproape că nu există în Mărginimea Sibiului sat care să nu aibă propriul muzeu etnografic, și acest fapt spune multe despre respectul și grija locuitorilor pentru păstrarea specificului zonei. Satul Rășinari (12 km sud-vest de Sibiu), cel mai vechi din zonă, este atestat încă din anul 1204. Biserica ortodoxă cu hramul *Buna Vestire* (1790) din Cristian (11 km de Sibiu) conservă picturi exterioare executate de Stan din Rășinari și Ioan Zugravu. Mai departe, la 17 km vest de Sibiu, de-a lungul Cibinului se întinde satul Orlat; aici s-a aflat sediul comandamentului Regimentului I grăniceresc, înființat de împărăteasa Maria Tereza. De la Orlat, o ramificație a drumului duce spre Gura Râului (6 km). Este de altfel una dintre cele mai pitorești așezări din Mărginimea Sibiului, căci are privilegiul de a se întinde în apropierea lacului de acumulare și cheilor Cibinului. De la Orlat drumul principal ajunge în satul Fântânele (3 km), cu o biserică ortodoxă (1771-1774), cu picturi exterioare; nu foarte departe, amatorii de drumeții montane vor descoperi o altă cabană – Fântânele. La doar 3 km se află Sibiel, un minunat sat turistic, cu numeroase pensiuni. Muzeul de icoane de la Sibiel deține una dintre cele mai mari colecții de icoane pe sticlă din Europa.

Patru kilometri despart Sibielul de satul Vale, o așezare izolată și liniștită, care se întinde între dealuri cu livezi. Biserica *Sfânta Treime* (1763) reține atenția prin frumoasele ei fresce, restaurate de curând. De aici, drumul duce, după 2 km, în Săliște (21 km de Sibiu), una dintre cele mai mari așezări ale Mărginimii Sibiului. Muzeul personalităților săliștene este un omagiu adus oamenilor de seamă originari din această localitate. În zona numită de localnici Șanta Crucii sunt expuse în aer liber valoroase sculpturi în lemn realizate de artiștii care au participat la cele șapte ediții ale Taberei de sculptură în lemn de la Săliște. În apropiere de Săliște se găsesc alte două sate: Galeș (2 km vest), cu un muzeu sătesc și o biserică ortodoxă din secolul al XVIII-lea, și Tilișca (4 km vest), cu câteva importante obiective istorice. Mai departe, Poiana Sibiului are un muzeu etnografic, care prezintă obiceiurile pastorale ale zonei, și o biserică cu picturi din 1790. În Jina (20 km vest), un alt punct de acces spre Munții Cindrel, vizitați cele două biserici ortodoxe, pictate în 1810; nu ratați nici vechiul cimitir al satului, cu impresionante cruci, cu înălțimea de 2 m.

Mărginimea Sibiului

The ethnographic area named Mărginimea Sibiului comprises eighteen villages situated in the mountains, in the south-west of Sibiu county, between the Sadului Valley in the south, the Săliște Valley in the north, the Olt Valley in the east and the Sebeș Valley in the west: Boița, Sadu, Râu Sadului, Tălmaciu, Tălmăcel, Rășinari, Poplaca, Gura Râului, Orlat, Fântânele, Sibiel, Vale, Săliște, Galeș, Tilișca, Rod, Poiana Sibiului and Jina.

These old settlements of Romanians, covering an area of two hundred square kilometres, are emblematic of pastoral culture. The conservative villages of the region display a series of archaic features, long vanished in other parts of the country. The typical architecture, Saxon in influence (houses with courtyards arranged in a straight line, linked by massive gates), but with many Romanian influences, the folk costume, the specific winter festivals, the ancestral traditions, and the traditional dances (the călușari, the brâu, the sârba of Ghiboi) all confer upon this region a special character.

Almost every village in Mărginimea Sibiului has its own ethnographic museum, and this says much about the respect and care of the locals to preserve the specific character of the region.

The village of Rășinari (12 km S-W of Sibiu), the oldest in the region, has been attested since 1204. It is possible to get here via the Sibiu-Păltiniș road or by a means of transport quite unusual for a village: the tram that runs daily between Sibiu and Rășinari along the Dumbrava Forest. The Orthodox Church of the Annunciation (1790) in Cristian (11 km from Sibiu) conserves exterior murals painted by Stan of Rășinari and Ioan the Zôgraphos. Seventeen kilometres west of Sibiu, along the Cibin River, stretches the village of Orlat, where the command of the First Border Regiment, founded by the Empress Maria Theresia, was based. From Orlat, the road branches off to Gura Râului (6 km). It is one of the most picturesque settlements in Mărginimea Sibiului, because it lies near the Cibin reservoir and gorges.

From Orlat, the main road reaches the village of Fântânele (3 km), whose Orthodox church (1771-74) has exterior murals. Just three kilometres away lies Sibiel, a wonderful tourist village, with numerous guest houses. The Sibiel Icon Museum has one of the largest collections of icons on glass in Europe. The Orthodox Church of the Holy Trinity (1765-67), with murals by Stan the Zôgraphos, is worth seeing, as are the villages early-nineteenth-century painted wayside crosses. The village of Vale, four kilometres from Sibiel, is an isolated and tranquil settlement. The Church of the Holy Trinity (1763) is remarkable for its beautiful murals, which were recently restored. From here, the road leads to Săliște, two kilometres away, and twenty-one kilometres from Sibiu one of the largest settlements of Mărginimea Sibiului. The museum of Săliște worthies is a homage to famous people born in the village. In an area called by locals Holy Cross, there is an open-air exhibition of woodcarvings made by the artists who took part in the seventh annual Săliște Woodcarving Camp. Near Săliște there are another two villages: Galeș (2 km west), with a village museum and an eighteenth-century Orthodox church, and Tilișca (4 km west), with a number of important tourist attractions. Twelve kilometres west, Poiana Sibiului has an ethnographic museum, which presents the pastoral traditions of the area, and a church with murals from 1790. In Jina (20 km west), another point of access to the Cindrel Mountains, you can visit two Orthodox churches, with murals from 1810.

Țara Moților

Țara Moților este totuna cu „țara de piatră" a Munților Apuseni – regatul înălțimilor și al libertății. Românii de aici – ale căror sate izolate sunt cocoțate pe culmile munților, la altitudini de peste 1.400 m – au știut dintotdeauna să lupte pentru drepturile lor. Nimic nu i-a putut înfrânge în hotărârea de a-și păstra libertatea. Nu este moț care să nu pomenească cu mândrie de Horia, Cloșca, Crișan ori Avram Iancu, cu toții fiii Apusenilor.

Civilizația lemnului s-a păstrat intactă în aceste sate din creierii munților. Casele și bisericile moților sunt la fel de frumoase în simplitatea lor ca cele ale maramureșenilor. Vizitați atelierele artizanale de la Pătrăhăițești ca să-i vedeți pe meșteri cioplind ciubere și donițe din lemn. În câteva sate din Apuseni (printre care și Chișcău), localnicii și-au expus în gospodării miniaturale colecții de artă populară, care povestesc, în felul lor, „istoria lemnului". Muzeul Etnografic și de Artă Populară din Lupșa reface, la alt nivel, același demers de regăsire a valorilor tradiționale.

Tradițiile și obiceiurile moților au o savoare rar întâlnită. Târgul de fete de pe Muntele Găina, o străveche nedeie, i-a cucerit deja pe toți românii; an de an, în duminica din preajma sărbătorii de Sf. Ilie, mii de oameni din toate colțurile țării repetă ritualul sacru al urcușului spre poiana situată la 1.467 m înălțime, în vârful muntelui. Cine a ajuns măcar o dată la acest târg nu va putea uita sunetele tulnicului, salutând soarele la răsărit, ritmurile – vijelioase ori lente – ale tropotitelor și țarinilor, dansuri populare fără egal, și nici legendele despre găina de aur.

Munții Apuseni, declarați în mare parte rezervație naturală, oferă numeroase variante de trasee turistice. Aici apare râul aurului, Arieșul, mai departe se ridică amenințătoare Cheile Turzii, dincolo se arată Cetățile Ponorului, cu Ghețarul Focul Viu, apoi Groapa Ruginoasa, Cheile Galbenei ori Someșului Cald.

Nu ratați straniile formațiuni naturale, precum Dealul cu melci, un fund de mare care a păstrat milioane de cochilii pietrificate, ori Detunata Goală, stâncă formată prin solidificarea lavei vulcanice. Nu ignorați nici mirabila față ascunsă a Apusenilor; ne referim, desigur, la cele 400 de peșteri ale subteranelor sale: Ghețarul Scărișoara, Peștera Urșilor, Cetatea Rădesei, Peștera Meziad, Huda lui Papară etc.

Moți Country

Moți Country is the same as the "stone land" of the Apuseni Mountains – a realm of peaks and freedom. The people here – whose isolated villages lie high up in the mountains, at altitudes of more than 1,400 metres – have always known how to fight for their rights. Nothing could defeat their determination to preserve their freedom. There is no Moț who will not speak with pride of Horia, Cloșca and Crișan, or of Avram Iancu, all sons of the Apuseni Mountains.

The culture of wood has been preserved intact in these villages deep in the mountains. The houses and churches of the Moți are just as beautiful in their simplicity as those of Maramureș. Visit the artisans' workshops of Pătrăhăițești and you will see craftsmen hewing wooden vessels and pails. In a few villages of the Apuseni the locals exhibit in their homes miniature collections of folk art, which, in their way, tell the "history of wood". The Museum of Ethnography in Lupșa also recreates, at a different level, the same rediscovery of traditional values.

The traditions of the Moți have a unique flavour. The maids' market on Mount Găina, an ancient fair, has already won over all Romanians: year after year, on the Sunday nearest the Feast of the Prophet Elias, thousands of people from every corner of the land repeat the sacred ritual of climbing to the grove situated at an altitude of 1,467 metres, at the top of the mountain. Whoever visits the fair will never forget the sounds of the alphorn saluting the rising sun, the rhythms – lively or slow – of the unequalled folk dances and jigs, or the legends of the golden hen.

The Apuseni Mountains, a large part of which is a nature reserves, offer numerous tourist trails. It is here that the golden river, the Arieș, rises, and the daunting Turda Gorges loom, beyond which can be found the Ponor Forts, with the Living Flame Glacier, the Ruginoasa Cave, the Galbena Gorges and the Someș Cald River.

Don't miss the natural formations such as Snails Hill, which preserves millions of petrified shells, or Detunata Goală, a rock formed by the solidification of volcanic lava. And don't forget to see the wonderful hidden face of the Apuseni: the more than four hundred caves that lie beneath the mountains, including the Scărișoara Glacier, Bears' Cave, Meziad Cave, Huda lui Papară etc.

Țara Năsăudului

Țara Năsăudului, cunoscută și sub numele de Valea Rodnei, se suprapune în mare parte peste județul Bistrița-Năsăud. Acest areal din partea central-nordică a României, de pe cursul superior al Someșului Mare, din zona de contact dintre Podișul Transilvaniei și Munții Rodnei, Țibleș, Călimani și Bârgăului, reprezintă una dintre cele mai pitorești destinații turistice românești, insuficient valorificată din păcate. Aici, în mijlocul munților, se află „țara" Bistriței cea prea iute curgătoare, una dintre cele mai frumoase zone etnografice ale României. În apropiere se întinde și „țara" Bârgăului, ale cărei localități au păstrat datinile vechi. Există pe valea Bârgăului ori pe valea Sălăuței sate în care sărbătorile vechi încă mai sunt ținute, bătrânii meșteșugari încă mai sunt apreciați pentru obiectele pe care le lucrează, iar costumul popular încă mai este purtat cu ocazii speciale. Dintre cele mai deosebite tradiții bistrițene semnalăm obiceiul Cununii din Maieru, care are loc la secerișul grâului, și Înstrutatul boului, din perioada Rusaliilor. Sărbătoarea Sânzienelor, celebrată la solstițiul de vară (24 iunie), pare a fi o reminescență a unui străvechi cult solar; acum se culeg flori din care se împletesc cununițe, folosite în practici magice.

Traseul care pornește din Bistrița spre sud duce la masivul de sare de la Sărățel, Castelul contelui Bethlen Balazs de la Arcalia, înconjurat de unul dintre cele mai frumoase parcuri dendrologice din țară (16 ha), podgoriile de la Lechința și bazilica în stil romanic (secolul XIII) din Herina.
Pe malul drept al Someșului se întinde orașul Năsăud, protejat de un șir de dealuri. Aici s-a aflat în secolul al XVIII-lea Districtul Grăniceresc Năsăud de la granița Imperiului Habsburgic.
Sângeorz-Băi (50 km de Bistrița), stațiune balneoclimaterică din sudul Munților Rodnei, pe valea Someșului Mare, este vestită pentru izvoarele sale minerale Hebe, cele mai bogate în calciu din sud-estul Europei. În această localitate a fost înființat unul dintre cele mai originale muzee din țară – Muzeul de Artă Comparată.
Rodna, situată într-o zonă a „rezervațiilor naturale", dispune de toate atuurile unei destinații turistice remarcabile. Este, în plus, unul dintre punctele de acces în Parcul Național Munții Rodnei. Conservă ruinele unei cetăți medievale din secolul al X-lea. În apropiere se află o altă stațiune balneoclimaterică – Valea Vinului, cu două izvoare de ape minerale. Din comuna Șanț – care s-a adaptat la piața agroturistică, păstrându-și însă fermecătorul aer rustic – se ajunge în Valea Mare, unde a fost amenajat un modern complex turistic.
Urmele glaciațiunii cuaternare sunt frecvente în Munții Rodnei: circurile glaciare Pietrosu, Buhăescu și Negoescu, peșterile Baia lui Schneider și Jgheabul lui Zalion. Alte atracții ale acestor spectaculoși munți din Carpații Orientali: Lacul Lala Mare, Cascadele Izvorul Cailor și Puzdre, Poarta lui Beneș, Peștera și Izvorul Albastru al Izei. Zona, cu un număr foarte mare de rezervații naturale, a fost declarată Parc Național. Înălțimile depășesc frecvent 2.000 m, astfel că drumețiile sunt recomandate doar celor dotați cu echipamentul de rigoare.

The Land of Năsăud

The Land of Năsăud, also known as the Rodna Valley, lies largely within the county of Bistrița-Năsăud. This area of central-northern Romania, on the upper course of the Greater Someș River, between the Transylvania Plateau and the Rodna, Țibleș, Călimani and Bârgău Mountains, is one of the most picturesque tourist destinations in the country, albeit one that is not sufficiently valorised. Here, in the midst of the mountains, lies the "land" of the Bistrița, the fast-flowing river, one of the most beautiful ethnographic regions of Romania.
In the Bârgău Valley and the Sălăuța Valley there are villages in which ancestral festivals are still held, old craftsmen are still appreciated for their wares, and folk costume is still worn on special occasions. Among the most spectacular Bistrița traditions are the Maieru Weddings, which take place at the wheat harvest, and the Apparelling of the Bull, during Whitsuntide. The festival of Sânziene, celebrated at the summer solstice (24 June), seems to hark back to ancient worship of the sun; it is now that flowers are gathered, woven into garlands and used in magical rites.

A trail leads south from Bistrița to the salt massif of Sărățel, the castle of Count Bethlen Balazs of Arcalia, surrounded by one of the most beautiful dendrological parks in the country (sixteen hectares), the vineyards of Lechința, and the thirteenth-century Romanic basilica at Herina.
On the left bank of the Someș lies the town of Năsăud, sheltered by a line of hills. It was here in the eighteenth century that the Năsăud Border District of the Habsburg Empire lay.
Rodna, situated in an area of natural reserves, has all the advantages of a remarkable tourist destination. Moreover, it is one of the access points to the Rodna Mountains National Park. It preserves the ruins of a tenth-century mediaeval fortress. Nearby there is a spa resort – Valea Vinului, with two mineral water springs. From the parish of Șanț, which has adapted to the agricultural tourism market but preserved its rustic charm, you can reach Valea Mare, where there is a modern tourist complex in the middle of a spruce forest.
Traces of quaternary glacial formations are common in the Rodna Mountains: the Pietrosu, Buhăescu and Negoescu glacial circles, and the caves of Baia lui Schneider and Jghebul lui Zalion. Other attractions of this spectacular region of the western Carpathians: Lake Lala Mare, the Izvorul Cailor and Puzdre waterfalls, the Gate of Beneș, and the Albastru al Izei Cave and Spring. The area, with a very large number of nature reserves, has been declared a National Park. Altitudes frequently exceed two thousand metres, and so hiking is recommended only to those who are suitably equipped.

Ținutul secuiesc
Terra Syculorum

Secuii (*székely*) – un grup etnic de origine incertă (posibil turcică), asimilat de maghiari – reprezintă o populație majoritară în partea de sud-est a Transilvaniei. Sunt menționați documentar încă din secolul al X-lea ca popor asociat maghiarilor.

Cele mai importante așezări ale secuimii se găsesc în județele Covasna și Harghita și o parte din județul Mureș, care se suprapun peste cele trei scaune, unități administrative ale secuilor din Evul Mediu. Astăzi în respectiva regiune trăiesc peste 600.000 de secui și maghiari (ceea ce înseamnă 57% din populație); în județul Harghita, secuii și maghiarii reprezintă 73% dintre locuitori, iar în Covasna, 84%. Odorheiu Secuiesc, cel mai important oraș al acestei minorități, este locuit în proporție de 95% de secui și maghiari.

Sfântu Gheorghe este socotit una dintre cele mai vechi așezări din secuime. Secuii colonizați aici în secolele XII-XIII s-au organizat în scaune (Trei Scaune este și vechea denumire a județului Covasna). Cei care vor să afle mai multe despre istoria și tradițiile secuilor pot vizita Muzeul Național Secuiesc din Sfântu Gheorghe.

Miercurea-Ciuc, oraș situat în Depresiunea Ciucului, este socotit unul dintre polii frigului din România; temperatura medie anuală în această zonă este de doar 8⁰C. În Cetatea Mikó, construită în secolul al XVII-lea în stil neorenascentist, a fost amenajat Muzeul Secuiesc al Ciucului. Mănăstirea franciscană Șumuleu, aflată la 3 km de centrul orașului, este considerată centrul spiritual al secuimii; în fiecare an, de Rusalii, mii de credincioși romano-catolici vin în pelerinaj aici.

Târgu Mureș era, în secolul al XV-lea, un înfloritor centru meșteșugăresc. Din acele vremuri s-au păstrat ruinele cetății medievale și bastioanele Croitorilor, Olarilor, Măcelarilor, Cizmarilor și Cojocarilor. Farmecul orașului este dat mai ales de piața sa centrală – Piața Trandafirilor, străjuită de edificiile în stil Secession ale Palatului Prefecturii și Palatului Culturii, clădirea barocă a Palatului Toldalagy (azi, Muzeul de Etnografie și Artă Populară), Catedrala Ortodoxă, în stil neobizantin, Mănăstirea Iezuiților și Palatul Apollo.

În Cluj-Napoca funcționează Opera Maghiară de Stat, Teatrul Maghiar de Stat și Universitatea Babeș-Bolyai, cu numeroase secții în limba maghiară.

Szekler County

The Szeklers (székely) – an ethnic group of uncertain (possibly Turkic) origins, assimilated by the Magyar tribes – are the majority population in the south-east of Transylvania. They are mentioned in documents dating back to the tenth century as a nation connected with the Magyars.

The most important Szekler settlements can be found in Covasna and Harghita counties, and a part of Mureș County, which are co-extensive with the three seats, or administrative units, of the Szeklers in the Middle Ages. Today, there are 600,000 Szeklers and Magyars in the region (57% of the population). In Harghita, Szeklers and Magyars make up 73% of the inhabitants, and in Covasna 84%. Szeklers and Magyars represent 95% of the population of Székelyudvarhely (Odorheiu Secuiesc), the most important town of this minority.

Sepsiszentgyörgy (Sfântu Gheorghe) is reckoned to be the oldest settlement of the Szeklers. The Szeklers colonised the region in the twelfth and thirteenth centuries and organised themselves into three seats. Those who wish to find out more about the history and traditions of the Szeklers can visit the National Szekler Museum in Sfântu Gheorghe.

Csíkszereda (Miercurea Ciuc) is considered to be the "pole of cold" in Romania, with the lowest average temperatures in the country. The Mikó Citadel, built in the neo-Renaissance style in the seventeenth century, houses the Ciuc Szekler Museum. The Csíksomlyó (Șumuleu) Franciscan Monastery, three kilometres from the centre of the town, is regarded as the spiritual centre of the Szeklers. Every year, at Whitsuntide, thousands of Roman-Catholic faithful make pilgrimages here.

Marosvásárhely (Târgu Mureș) was in the fifteenth century a flourishing centre for the crafts. From those times have been preserved the mediaeval citadel and the Tailors', Potters', Butchers', Cobblers', and Furriers' Bastions. The charm of the town resides above all in its central plaza – Roses Square – flanked by the Secession edifices of the Palace of the Prefecture and Palace of Culture.

In Cluj there is a Magyar State Opera and Magyar State Theatre, and the Babeș-Bolyai University has numerous Hungarian-language sections.

Ținutul vampirilor

Pentru mulți străini, România este ținutul lui Dracula. Deși nu la fel de popular la el acasă ca peste granițe, Dracula a devenit o atracție turistică. Nu puțini sunt cei care ajung în Transilvania pentru a-i căuta urmele, și nu puțini sunt cei care pleacă dezamăgiți.

Cine este Dracula și ce legătură are el cu Transilvania? Se pare că domnitorul Țării Românești Vlad Țepeș a fost identifcat cu un vampir aflat mereu în căutarea unor victime cărora să le sugă sângele. Oricum, este foarte greu de înțeles cum de s-a ajuns la situația ca peste această figură istorică – de o cruzime legendară, e adevărat – să se suprapună imaginea unui moroi stăpânit de forțe malefice, care a inspirat apoi zeci de filme horror.

Domnitorul Vlad al III-lea era numit de contemporanii săi Drăculea. Asta deoarece tatăl său, Vlad al II-lea, a fost învestit de către împăratul Sigismund, la data de 8 februarie 1431, la Nürnberg, cu Ordinul Dragonului. Acest ordin cavaleresc era o societate militaro-religioasă care avea ca scop oprirea extinderii Imperiului Otoman. Blazonul ordinului era reprezentat de un dragon (simbol al otomanilor) și o cruce (simbol al creștinătății). Cum în română „dragonului" (Drahe, în germană) i se spunea și „drac", lui Vlad al II-lea i s-a adăugat calificativul Dracul, iar urmașii săi au fost numiți Drăculești; Vlad al III-lea era „Drăculea" (Dracula), adică „Fiul Dracului", după cum indică sufixul de apartenență „-ea".

Toate legendele referitoare la Vlad Țepeș alias Dracula povestesc despre neobișnuita sa cruzime. Modul, de-a dreptul macabru uneori, în care înțelegea „să facă dreptate" și să pedepsească „hiclenia" îi băga în sperieți pe supușii săi. Detractorii lui au avut grijă să ne transmită în cronici doar imaginea unui voievod însetat de sânge. Iată de ce a fost foarte simplu ca personajul istoric Vlad Drăculea, care obișnuia, se zice, să ia masa printre țepușele în care erau înfipte țestele celor „pedepsiți", ba chiar să le rezerve aceeași soartă comesenilor care îndrăzneau să se plângă că nu pot mânca din cauza duhorii cadavrelor, și care a ajuns celebru mai ales prin „pădurile de țepe" cu capete omenești în vârf cu care a împânzit toată țara în timpul domniei sale, să fie asociat unui personaj fictiv de roman de groază, căruia i-a împrumutat doar numele. Așa a devenit sângerosul Drăculea un produs turistic bun de „speriat" și „atras" străinii.

The land of vampires

For many foreigners, Romania is the land of Dracula. Although not as popular at home as he is abroad, Dracula has become a tourist attraction. Many people come to Transylvania seeking his trail, and many go away again disappointed.

Who is Dracula and what connexion does he have with Transylvania? Inexplicably, Romanian ruler Vlad the Impaler has come to be identified with a bloodthirsty vampire ever seeking fresh victims. It is hard to understand why this historic figure – one of legendary cruelty, it is true – has become synonymous with a creature of darkness possessed by malefic forces, the inspiration for countless horror films.

Prince Vlad III was named Drăculea by his contemporaries. This was because his father, Vlad II, was invested by the Emperor Sigismund in Nuremberg on 8 February 1431 with the Order of the Dragon. This chivalric order was a military and religious society whose aim was to stop the expansion of the Ottoman Empire. The arms of the order depicted a dragon (symbol of the Ottomans) and a cross (symbol of Christianity). In Romanian, the word for "dragon" ("Drahe" in German) is "drac", and so Vlad II added the epithet "Dracul" ("the Dragon") to his name, and his descendents were named "Drăculești": Vlad III was "Drăculea" (i.e. "Son of Dracul").

All the legends concerning Vlad the Impaler, alias Dracula, tell of his unusual cruelty. His often macabre manner of administering justice and punishing evil-doers instilled terror in his subjects. His detractors were careful to pass down the image of a bloodthirsty voevoda in the chronicles. It is therefore not hard to see why the historic figure Vlad Drăculea, who, it is said, used to eat his meals among impaled bodies, and even inflicted the same punishment on fellow diners who complained they could not eat because of the stench of corpses, and who became famous above all for his "forests of stakes" on which were impaled human heads, has become associated with a fictional character from a horror novel, who borrowed his name. And thus Drăculea has become a tourist attraction.

La capătul unei călătorii prin Transilvania

La capătul unei călătorii prin Transilvania, români și străini deopotrivă se declară mai mult decât impresionați. Deși nu este un ținut care să poată fi epuizat nici măcar în zece călătorii, Transilvania are acea rară calitate de a-și dezvălui esența încă de la prima vizită și de a stârni entuziasme.

La capătul unei călătorii prin Transilvania, inevitabil vă veți promite în sinea dumneavoastră că vă veți întoarce cu primul prilej. Sunt persoane care revin aici iar și iar, fascinate de aceste vechi așezări saxone, care și-au păstrat structura tipic germană, deși sunt situate în mijlocul unei țări în care predomină alte tipare.

La capătul unei călătorii prin Transilvania vă veți reconsidera părerile în privința atracțiilor turistice ale acestei regiuni, dacă aveați cumva îndoieli sau vă închipuiați cumva că ele se limitează doar la moștenirea săsească a unor cetăți precum Brașovul, Sighișoara și Sibiul ori a celebrelor sate cu biserici fortificate. Fie că veți străbate Munții Apuseni, ținutul splendorilor carstice, fie că pașii vă vor purta în zona etnografică a Mărginimii Sibiului și a Țării Moților sau pe urmele legendarului Dracula, fie că veți merge să căutați ascunsele biserici de lemn din Sălaj, fiecare din aceste Transilvanii se va dovedi una mai specială decât cealaltă.

La capătul unei călătorii prin Transilvania veți sfârși prin a înțelege cum de comunitățile multietnice exercită o asemenea atracție asupra celor din afara lor. Obiceiurile și tradițiile românilor, maghiarilor, secuilor și germanilor (câți au mai rămas, după emigrarea lor în masă, în perioada comunistă, dar și după 1989) au făcut din Transilvania un loc potrivit pentru observații asupra multiculturalismului și numeroaselor influențe și împrumuturi de la o etnie la alta.

La capătul unei călătorii prin Transilvania, vă veți da seama că un personaj de groază ca Dracula nu prea are ce căuta în asemenea locuri. Așa că nu vă supărați dacă nu ați dat de urma lui: în schimb ați descoperit unul dintre colțurile cele mai fascinante ale României.

La capătul unei călătorii prin Transilvania, veți ajunge la concluzia că mult prea multe locuri neexplorate au rămas în urmă. Deloc ușor de definit, „țara de dincolo de pădure" (*trans silvam*), atât de complexă prin feluritele sale atracții, merită să-i mai dedicați încă o călătorie…

At the end of a journey through Transylvania

At the end of a journey through Transylvania, Romanians and foreigners declare themselves impressed. Although it is not a region that can be fully explored even in ten journeys, Transylvania has the rare quality of revealing its essence from the very first visit and arousing enthusiasm.

At the end of a journey through Transylvania, you will inevitably promise yourself that you will return at the very first opportunity. There are people who return year after year, fascinated by these old Saxon settlements, which have preserved their typically German character, even though they lie in the middle of a country with a predominantly different culture.

At the end of a journey through Transylvania, you will reconsider your opinions regarding the tourist attractions of the region, if you had any doubts or if you somehow imagined that they are limited to the Saxon heritage of cities such as Brașov, Sighișoara and Sibiu or the fortified Saxon churches. Whether you cross the Apuseni Mountains or the splendours of the karst realm, whether your path leads you into the ethnographic regions of Mărginimea Sibiului or Moți Country, whether you seek the trail of Dracula, or whether you seek the wooden churches of Sălaj, each of these Transylvanias will prove to be special.

At the end of a journey through Transylvania, you will end up understanding how its multiethnic communities exercise such an attraction over visitors from abroad. The customs and traditions of the Romanians, Magyars, Szeklers, and Germans (the few that have remained after the mass emigration to Germany in the communist period and after 1989) have made Transylvania a place suited to the observation of multiculturalism and the numerous influences different ethnic groups can have upon one another.

At the end of a journey through Transylvania, you will realise that a person from horror stories such as Dracula has no business in such places. And so you would be disappointed if you find no trace of him: on the other hand, you will discover one of the most fascinating regions of Romania.

At the end of a journey through Transylvania, you will reach the conclusion that you have left far too many places unexplored behind you. Hard to define and so complex in its various attractions, the "land beyond the forest" deserves a return journey…

La capătul unui traseu cu durata de o oră care pornește din satul Bucium Sașa (județul Alba) veți descoperi Detunata Goală (1.158 m), un spectaculos vârf din bazalt vulcanic
At the end of a hike lasting about one hour, setting out from the village of Bucium Sașa (Alba County), you will discover Detunata Goală (1,158 m), a spectacular peak of volcanic basalt

Paginile anterioare / *Previous pages*:
Rezervația geologică Grădina Zmeilor de pe teritoriul satului Gâlgău Almașului (județul Sălaj)
The Grădina Zmeilor Geological Reserve, near the village of Gâlgău Almașului (Sălaj County)

Rezervația geologică de la Valea Mică (1 ha),
în Munții Metaliferi, cuprinzând două blocuri
calcaroase cu înălțimea de 30 și 16 m
*The Valea Mică geological reserve (1 hectare), in the
Metaliferi Mountains, including two limestone blocks
30 and 16 metres in height*

Paginile anterioare / *Previous pages:*
Lacul glaciar Bâlea, situat în Munții Făgărașului,
la altitudinea de 2.034 m
*The Bâlea glacial tarn, situated in the Făgăraș
Mountains, at an altitude of 2,034 m*

Peștera Focul Viu, de pe Valea Galbenă din Munții Apuseni, adăpostește un ghețar; razele soarelui care pătrund prin fereastra din boltă luminează stalagmitele sclipitoare, de unde și numele peșterii

The Living Flame Cave, in Valea Galbenă in the Apuseni Mountains, is home to a glacier; the sunbeams that pierce the aperture in the roof illuminate the glinting stalagmites, whence the name of the cave

Vlăhița, un important centru siderurgic din județul Harghita, vă poate oferi surpriza descoperirii unor asemenea peisaje

Vlăhița, a major steel industry centre in Harghita County, offers you the surprise of discovering such landscapes

Lacul Roșu s-a format în anul 1837, după ce mari bucăți de teren de pe coasta nord-vestică a Muntelui Ghilcoș s-au prăbușit în urma unor precipitații abundente, închizând Valea Verescheului (Roșului)

Red Lake formed in 1837, after a landslide on the north-western slope of Ghilcoș Mountain, caused by torrential rain, closed off Verescheu Valley

▶

Paginile anterioare / *Previous pages*:
Groapa Ruginoasa, o ravenă săpată într-un versant al muntelui, cu diametrul de 500 m și adâncimea de 100 m, își datorează numele stratelor de cuarțite care, în urma eroziunii, au ieșit la suprafață, creând un peisaj fantastic

Rusty Pit, a ravine in the mountain slope, with a diameter of 500m and a depth of 100m, owes its name to the strata of quartz, which, due to erosion, have emerged at the surface, creating a fantastic landscape

Masivul Retezat, cu peste 80 de lacuri glaciare în care se oglindesc piscuri ascuțite de până la 2.509 m, a fost inclus în rândul Rezervațiilor Biosferei.

The Retezat Massif, with its eighty glacial tarns, which mirror peaks soaring to 2,509m, is a Biosphere Reserve.

Lacul glaciar Galeşul, situat la altitudinea de 1.990 m sub culmea omonimă (2.463 m)

Galeşul glacial lake, situated at an altitude of 1,900m bellow the peak of the same name (2,463m)

Ținutul Pădurenilor – de la o generație la alta
The Pădureni region – from one generation to the next

Paginile anterioare / *Previous pages*:
Vedere din satul Cerișor (județul Hunedoara) înspre Munții Retezat; în fundal se întrezăresc turnurile Catedralei *Sfinții Arhangheli* din Ghelari, cel mai mare lăcaș de cult ortodox construit într-un sat din România
View from Cerișor village (Hunedoara County) towards the Retezat Mountains; in the background can be glimpsed the spires of the Cathedral of the Holy Archangels in Ghelari, the largest Orthodox church of any village in Romania

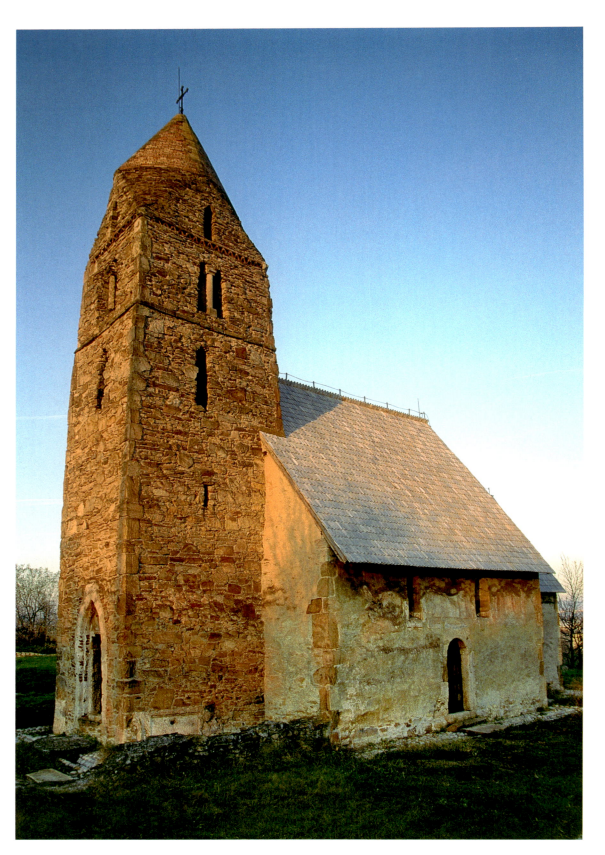

În mijlocul vechiului cimitir al satului Strei se păstrează un lăcaș de cult ortodox (secolele XIII-XIV), reprezentativ pentru bisericile din piatră din Țara Hațegului, care îmbină elemente romanice, gotice și locale
In the middle of the old cemetery of Strei village there is an old Orthodox church (thirteenth-fourteenth century), representative of the stone churches of the Hațeg Land, which combine Romanesque, Gothic and local features

Biserica ortodoxă din piatră, de secol XIII, din satul Gurasada (județul Hunedoara), de pe Lunca Mureșului
The thirteenth-century stone Orthodox church in the village of Gurasada (Hunedoara County), on the Mureș flood plain

▶

Paginile anterioare/*Previous pages*:

Mănăstirea Râmeț, situată la intrarea în cheile săpate de râul Geoagiu în Munții Trascăului, este unul dintre cele mai vechi așezăminte monahale transilvănene (secolul XIV)

Râmeț Monastery, situated at the mouth of the Geoagiu River gorges in the Trascău Mountains, is one of the oldest in Transylvania (fifteenth century)

În așezările izolate din Țara Moților, apariția unui străin trezește imediat curiozitatea localnicilor, care se grăbesc să-l salute, lăsându-și adesea la o parte treburile.

In the isolated settlements of Moți country, the arrival of a stranger immediately wakens the locals' curiosity, who leave to one side what they are doing and hasten to greet him

Culegători de hribi; femeie din Măguri-Răcătău arându-și ogorul
Mushroom pickers; woman from Măguri-Răcătău ploughing her field

De-a lungul văilor din Munții Apuseni sunt risipite satele moților. Regiunea este foarte căutată și de amatorii de sporturi de iarnă, care pot găsi la Arieșeni (Vârtop) pârtii dotate cu nocturnă și teleschi

Along the valleys of the Apuseni Mountains are scattered the villages of the Moți folk. The region is much sought-after by winter sports enthusiasts, who can find ski slopes at Arieșeni (Vârtop) equipped with ski lifts

Copiii care locuiesc în satele izolate din mijlocul munților străbat distanțe mari în fiecare zi pentru a ajunge la cea mai apropiată școală

The children who dwell in the isolated villages up in the mountains walk long distances every day to reach the nearest school

O bătrânică punând poame la uscat
An old woman hanging out apples to dry

Măcinarea boabelor de porumb în gospodărie; mălaiul obținut este folosit mai ales pentru prepararea mămăligii

Grinding maize kernels; maize flour is used above all in the preparation of mămăligă
▶▶

În străvechile așezări păstorești din Mărginimea Sibiului încă se
mai fac simțite influențele fenomenului transhumanței

*In the ancient pastoral settlements of Mărginimea Sibiului the influences
of the annual transhumation, or migration of the flocks, can still be felt*

Satul Jina (județul Sibiu), un punct de acces spre Munții Cindrel
Jina village (Sibiu county), a point of access to the Cindrel Mountains
◄

Paginile următoare/ *Following pages*:
Ca în toate satele românești, și în Transilvania biserica rămâne centrul
în jurul căruia gravitează întreaga viață religioasă a comunității
*As in all Romanian villages, in Transylvania too the church is the centre
around which the whole of village life gravitates*

Un moment simbolic din desfășurarea nunților în Mărginimea Sibiului: nașul, însoțit de alaiul său, „cumpără" mirele de la ceata de feciori, înțelegerea fiind pecetluită prin baterea palmei

A symbolic moment in the unfolding of a wedding in Mărginimea Sibiului: the godfather, accompanied by his retinue, "buys" the bridegroom from the band of maidens, the understanding being sealed by a handshake

Căratul fânului acasă, Vama Buzăului / *Bringing in the hay, Vama Buzăului*

Câmpuri în lumina amurgului, surprinse pe drumul dinspre Întorsura Buzăului spre Covasna
Fields at twilight, captured near the Buzău Bend towards Covasna

Paginile următoare / *Following pages*:
Vedere spre Masivul Piatra Craiului peste măgurile, curmăturile și dealurile pe care sunt risipite căsuțele de lemn ale sătenilor, despărțite unele de altele prin fânețe și pășuni
View towards the Piatra Craiului Massif over hills and crests over which are dotted wooden houses, separated by hay meadows and grazing land

Așezările transilvănene izolate și-au conservat mult mai bine caracterul arhaic
Isolated Transylvanian settlements have well preserved their archaic character

Paginile următoare / *Following pages*:
Valea Arieșului / *The Arieș Valley*

În fiecare vară, în luna august, complexul de la Prejmer (*Tartlau*, în germană), cea mai mare și puternică biserică fortificată din Transilvania, aflată la doar 15 km de Brașov, găzduiește festivalul de muzică de cameră *Diletto musicale*

Every August, the complex at Prejmer (Tartlau, in German), the largest and most powerful fortified church in Transylvania, fifteen kilometres from Brașov, hosts the Diletto Musicale festival of chamber music

Abația cisterciană (1202) din Cârța, unul dintre cele mai importante monumente ale goticului timpuriu din Transilvania

The Cistercian abbey at Cârța (1202) is one of the most important monuments of the early Gothic in all Transylvania

Complexul bisericii medievale (secolele XIII-XIV) din Rodna (județul Bistrița-Năsăud)

The complex of the mediaeval church (thirteenth-fourteenth century) at Rodna (Bistrița-Năsăud County)

Bătrânii au grijă să păstreze vie memoria satului…
The old folk take care to preserve the village's memory…

Biertanul (*Birthälm*), din județul Sibiu, este un important centru al comunității săsești
Biertan (Birthälm, in German), in Sibiu County, is an important centre of the Saxon community
◄

Paginile următoare / *Following pages*:
Dansuri tradiționale săsești / *Traditional Saxon dances*

Satul brașovean Viscri (*Weisskirch*) a conservat exemplare vechi de case, cu o arhitectură tipic săsească, caracterizată prin alinierea fațadelor pastelate direct la stradă, prezența frontoanelor și a porților mari boltite

The village of Viscri (Weisskirch, in German), in Brașov County, has conserved examples of old houses with typically Saxon architecture, characterised by the alignment of their pastel-coloured façades directly onto the street, the presence of frontons, and large vaulted gates

Cincu (*Gross-Schenk*), un sat din județul Brașov întemeiat de coloniștii sași în secolul al XII-lea, este dominat de o monumentală biserică construită în secolul al XIII-lea

Cincu (Gross-Schenk, in German), a village in Brașov County, founded by Saxon colonists in the twelfth century, is dominated by a monumental church built in the thirteenth century

◄

Frescele bisericii din satul sibian Mălâncrav (*Malmkrog*, în germană), considerate cel mai valoros ansamblu de pictură gotică din Transilvania, datează de la sfârșitul secolului al XIV-lea
The frescoes of the church in the village of Mălâncrav (Malmkrog, in German), Sibiu County, regarded as the most valuable example of Gothic mural-painting in Transylvania, date from the late fourteenth century

Biserica fortificată din Biertan (secolele XV-XVI), din județul Sibiu, păstrează un frumos altar politpic, strane cu intarsii lucrate de meșterul Johannes Reychmut din Sighișoara și un amvon de piatră decorat cu reliefuri inspirate din ciclul *Patimilor*
The fortified church of Biertan (fifteenth-sixteenth century), Sibiu County, preserves a beautiful polyptych altar, choir stalls with intarsia fashioned by Johannes Reychmut of Sighișoara, and a stone pulpit decorated with carvings inspired by the Passion Cycle

Muncile de toamnă, în grădină / *Autumn labours in the garden*

Vedere de pe dealul cetății țărănești (secolele XIII-XIV) asupra Saschizului (*Keisd*), din județul Mureș, în centrul căruia se înalță o biserică fortificată (monument UNESCO), construită din piatră, în stil gotic, după 1493

View from the hill of the peasant citadel (thirteenth-fifteenth century) above Saschiz (Keisd, in German), Mureș County, at the centre of which there is a fortified church (a UNESCO-listed monument) in the Gothic style, dating from after 1493

Pe drumul spre Festivalul Palincii, satul Dealu (județul Harghita)
On the way to the Palinka Festival, Dealu village, Harghita county

Satul Sâncrăieni, din lunca Oltului, cunoscut pentru numeroasele izvoare de ape minerale de pe teritoriul său, este ușor accesibil din Miercurea-Ciuc (8 km)
Satul Sâncrăieni, on the Olt River flood plain, known for its numerous mineral springs, is easily reach from Miercurea Ciuc, 8km away
◄

Paginile anterioare / *Previous pages*:
Adunatul fânului / *Haymaking*

Liturghia catolică, la biserica din satul secuiesc Dealu (județul Harghita)
Roman-Catholic liturgy, at the church in the Szekler village of Dealu, Harghita County

Secui gătiți în costume de sărbătoare / *Szeklers in festive garb*
▶

Fete și băieți umblând prin sate ca să-i
invite pe tineri la Balul Strugurilor din satul
secuiesc Micloșoara (județul Covasna)

*Lads and lasses going through the villages to
invite young folk to the Ball of Grapes in the
Szekler village of Micloșoara, Covasna County*

Atelier de ceramică din Corund, un sat din Harghita cunoscut pentru măiestria olarilor unguri care realizează vase smălțuite, cu motive tradiționale

Potter's workshop in Corund village, Harghita County, known for the skill of its Magyar craftsmen, who make enamelled pottery with traditional motifs

La adăpătoare, în satul Rimetea (județul Alba)

Watering place, Rimetea village, Alba County

Asemenea priveliști justifică popularitatea de care se bucură agroturismul în sate precum Rimetea ori Colțești

Such landscapes justify the popularity of agricultural tourism in villages such as Rimetea or Colțești

Tușnad-Sat, din depresiunea Ciucului de Jos, cunoscută pentru bogatele izvoare minerale
Tușnad-Sat, in the Lower Ciuc Depression, known for its mineral springs

O zi de toamnă, surprinsă pe Valea Vinului (județul Bistrița-Năsăud), unde a fost amenajată o mică stațiune balneoclimaterică cu două izvoare de ape minerale
Various guises of nature, captured in the Vinului Valley (Bistrița-Năsăud County), where there is a small spa resort with two mineral springs

Castelul de secol XVI al familiei Lázár din Lăzarea (județul Harghita) este una dintre cele mai frumoase reședințe nobiliare secuiești din Transilvania

The sixteenth-century castle of the Lázár family of Harghita County is one of the most beautiful Szekler noble residences in Transylvania

Localnici ospitalieri din stațiunea balneoclimaterică montană Harghita Băi, aflată la 23 km de Miercurea-Ciuc

Hospitable locals at the mountain spa resort of Harghita Băi, 23km from Miercurea Ciuc

Culesul strugurilor pe podgoria din Jidvei, care se întinde pe 1.000 ha de-a lungul dealurilor de pe Valea Târnavei

Grape picking in the Jidvei vineyard, which stretches over 1,000 hectares of the hills of Târnave Valley

Interiorul bisericilor de lemn, cu o atmosferă încărcată de spiritualitate, îndeamnă la smerenie
The interior of the wooden churches, with its spiritually charged atmosphere, is an invitation to piety

Elemente de arhitectură tipice pentru vechile biserici de lemn din județul Sălaj
Architecture typical of the wooden churches of Sălaj County

Credincios închinându-se în pridvorul bisericii
Worshippers making the sign of the cross in the porch of a church

Biserica de lemn (1727) din Fildu de Sus, de pe Valea Almașului, cu un turn clopotniță de 40 m – cel mai înalt de acest fel din Sălaj
The wooden church at Fildu de Sus (1727), Almaș Valley, with its forty-metre belfry, the highest of its kind in Sălaj

Biserica ortodoxă *Sfânta Treime* (1765-1767) din Sibiel (Mărginimea Sibiului), pictată de Stan Zugravu

The Orthodox Church of the Holy Trinity (1765-67) in Sibiel (Mărginimea Sibiului), painted by Stan the Zôgraphos

Biserica ortodoxă *Sfântul Nicolae* din Ribița (județul Hunedoara), construită din piatră brută la sfârșitul secolului al XIV-lea de cnejii Vladislav și Miclăuș, păstrează singurul ansamblu de pictură bizantină (1417) din secolul al XV-lea din Transilvania

The Orthodox Church of St Nicholas in Ribița (Hunedoara County), built from raw stone in the late fourteenth century by Knjazija Vladislav and Miclăuș, preserves the only fourteenth-century Byzantine murals (1417) in Transylvania

Paginile anterioare:
Festivalul „Sus pe Muntele din Jina",
reînviind tradiția nedeilor, adună în
ultima duminică din luna iulie mii
de oameni, care vin aici ca să petreacă
și să privească dansurile tradiționale
Previous pages:
The Festival of Jina Mountaintop,
on the last Sunday of July,
attracts thousands of people,
who come to celebrate and watch
the traditional dance ensembles

Bătrânii și copiii satului, luând parte la o sărbătoare românească
Village old folk and children at a Romanian festival

Paginile următoare:
Cântece din bătrâni interpretate la fluier
Following pages:
Traditional songs, played on the whistle

Copiii satelor încep să descopere tradiția ca pe o joacă, ajungând apoi să o includă în universul lor. De multe ori entuziasmul acestora însuflețește sărbătorile comunității

The village children are beginning to discover tradition in their play, making it part of their world. Often, their enthusiasm enlivens community celebrations

Clăditul fânului cosit și uscat / *Making haystacks*

Moș Traianul Botului din satul Ghețar
(județul Alba), meșter de ciubere
*Old Man Traian Botului from the village of
Ghețar (Alba County), a traditional craftsman*

Străbătând Transilvania, din loc în loc, în mijlocul munților, vi se va ivi în cale câte o stână; nu treceți mai departe, intrați în vorbă cu ciobanii, care știu o mulțime de istorii. Poate vă vor îmbia chiar și cu un bulz ciobănesc…

The mountains of Transylvania are dotted with sheepfolds. Talking to the shepherds, you will discover much local lore. Perhaps they will even invite you to partake of a shepherd's bulz (maize porridge stuffed with melted cheese)…

Muncile câmpului, toamna târziu…
Working in the fields, late autumn…

În Munții Apuseni veți avea surpriza de a descoperi
pitorești așezări cocoțate chiar și la 1.600 m
*In the Apuseni Mountains you will be surprised to discover
settlements nestling even at an altitude of 1,600 m*

Așezare din Pasul Tihuța, la altitudinea de 1.227 m (Munții Bârgăului)
Settlement in the Tihuța Pass, at 1,227m (Bârgău Mountains)

Odată cu iarna vine și momentul odihnei pentru țărani, care
nu mai au decât grija treburilor mărunte din mijlocul gospodăriei
Winter is a time of rest for the peasants, who have only farmyard chores to carry out

Paginile anterioare / *Previous pages:*
Munții Apuseni, în zona Poșaga; în plan îndepărtat, Rezervația Scărița-Belioara în care
există exemplare seculare de pin, molid, larice și plante rare precum săpunărița
(*Saponaria bellidifolia*), liliacul ardelenesc (*Syringa josikea*) și scorbul dacic (*Sorbus dacica*)
*The Apuseni Mountains; in the background, the Scărița-Belioara Reserve,
where there are centuries-old pines, spruce trees and larches, and rare plant species
including* Saponaria bellidifolia, Syringa josikea *and* Sorbus dacica

În a patra zi de Crăciun a fiecărui an, mii de localnici și turiști se adună la Săliște, unde se desfășoară Sărbătoarea Junilor. Pe străzile orașului pornesc în paradă zeci de cete de juni din Mărginimea Sibiului, care reînvie tradiția dansurilor tradiționale

On the fourth day of Christmas, thousands of locals and tourists gather at Săliște for the Festival of the Juni. Dozens of bands of juni parade from Mărginimea Sibiului, reviving a local tradition.

Paginile următoare / *Following pages:*
La poarta de intrare în Transilvania stau de strajă Bucegii
The Bucegi Mountains guard the entrance to Transylvania

În Sala Pașilor din Peștera Ghețarul de la Vârtop, din sudul Platoului Padiș, puteți admira urme de picior, cu vechimea de 62.000 de ani, ale unor oameni din Neanderthal.

In the Hall of Footprints in the Glacier Cave at Vârtop in the souther Padiș Plateau you can admire the 62,000-year-old footprints of Neanderthal men.

Ghețarul Scărișoara, vechi de 3.500 de ani, este adăpostit de o peșteră situată la altitudinea de 1.165 m, accesibilă dinspre comuna Gârda de Sus, de pe Valea Arieșului Mare. Ghețarul – cel mai mare din România – are un volum de 75.000 m³ și o grosime de 20 m

The 3,500-year-old Scărișoara Glacier can be found in a cave situated at an altitude of 1,165 m, accessible from the village of Gârda de Sus in the Arieșul Mare Valley. The glacier – the largest in Romania – has a volume of 75,000 cubic metres and is twenty metres thick

Meșterul cojocar Nicolae Bacea din Tureac (județul Bistrița-Năsăud), lucrând alături de nepotul său
Master sheepskin coat maker Nicolae Bacea of Tureac (Bistrița-Năsăud County), at work alongside his grandson

Însămânțările de primăvară / *Spring planting*

Vedere spre vârful Biharea (Curcubăta Mare), situat la cea mai mare înălțime (1.849 m) din Munții Apuseni
View of Biharea Summit (Curcubăta Mare), the highest point (1,849 m) in the Apuseni Mountains

Dimineață de primăvară în Mătișești (județul Alba)
Spring morning in Mătișești (Alba County)
▶

De Paști se coc cozonaci și pască și se încondeiază ouă, după care bucatele sunt duse la biserică pentru a fi sfințite

At Easter, cozonaci *and* pască *are baked, eggs are painted, and the victuals are then taken to the church to be blessed*

Colonia Ulpia Traiana Sarmizegetusa (județul Hunedoara), capitala Daciei Romane, fondată între anii 108 și 110, în timpul împăratului Traian

Colonia Ulpia Traiana Sarmizegetusa (Hunedoara County), the capital of Roman Dacia, founded by the Emperor Hadrian between 108 and 110 AD

Pe teritoriul satului Moigrad (județul Sălaj) au fost descoperite urmele unei importante așezări daco-romane – Porolissum, care făcea parte din *limes*-ul de nord-vest al Daciei

Near the village of Moigrad (Sălaj County) the remains of a major Daco-Roman settlement – Porolissum – have been unearthed. It was one of the northern boundary forts of Dacia

▶

Ruinele cetății Feldioara, construită în secolul
al XII-lea de Ordinul Cavalerilor Teutoni, a cărui
patroană era Sf. Maria, de unde și numele german
al așezării (*Marienburg*, Cetatea Mariei)
*The ruins of Feldioara Castle, built in the twelfth
century by the Teuton Knights, whose patron saint
was Maria, whence the German name of
the settlement – Marienburg*

Cetatea Făgărașului (secolul XIV), situată
la jumătatea distanței dintre Brașov și Sibiu
*Făgăraș Castle (fourteenth century), half way
between Brașov and Sibiu*

Crucile de piatră din curțile bisericilor marchează
mormintele preoților care și-au închinat întreaga viață slujirii lor

*The stone crosses in the churchyard mark the graves of the
priests who dedicated their lives to this place of worship*

În toate satele românești, din loc în loc veți întâlni negreșit
câte o troiță, care are rolul de a proteja intersecțiile și drumurile

*In all Romanian villages you will find wayside crosses,
which protect crossroads and paths*

În Brăteiu (județul Sibiu) trăiește o comunitate de țigani căldărari, care continuă meșteșugul „baterii" cazanelor, tigăilor și ceaunelor de tuci

In Brăteiu (Sibiu County) there is a community of gypsy coppersmiths, who continue the tradition of making cauldrons and pots

Tocmeală la un târg de cai organizat la marginea unui sat transilvănean

Haggling at a horse market at the edge of a Transylvanian village

Paginile următoare / *Following pages*:

Vedere asupra Brașovului, situat la altitudinea de 625 m, la poalele Muntelui Tâmpa

Views of Brașov, situated at an altitude of 625 m, at the foot of the Tâmpa Mountain

Biserica Sfântul Nicolae din Brașov, construită din piatră pe locul unui mai vechi lăcaș de cult din lemn, din 1292, este un important centru al ortodoxiei românești

The stone Church of St Nicholas in Brașov, built on the site of an older, wooden church dating from 1292, is an important centre of Romanian Orthodoxy

Centrul Brașovului a păstrat structura unui burg german medieval

The centre of Brașov has preserved the structure of a mediaeval German burg

▶

Turnul Sfatului, situat între Piața Mare și Piața Mică, a făcut parte din cea de a doua centură de fortificații a Sibiului (1224-1241)
Council Tower, between Large Square and Small Square, was part of the second ring of Sibiu's city walls (1224-41)

Piața Mare din Sibiu, mărginită de clădiri impunătoare, purtând amprenta stilului baroc
Large Square in Sibiu, flanked by imposing edifices in the Baroque style
▸

Paginile următoare / *Following pages*
Vedere de pe strada Centumvirilor spre Biserica Evanghelică din Sibiu
View of Centumviri Street towards the Evangelical Church, Sibiu

Catedrala ortodoxă *Adormirea Maicii Domnului* din Cluj-Napoca, construită între 1920 și 1930

The Orthodox Cathedral of the Dormition of the Theotokos in Cluj-Napoca, built between 1920 and 1930

Catedrala romano-catolică *Sfântul Mihail*, construită între secolele XIV-XV în stil gotic, domină centrul orașului Cluj-Napoca

The Roman-Catholic Cathedral of St Michael, built between the fourteenth and fifteenth centuries in the Gothic style, dominates the centre of Cluj-Napoca

Vedere asupra orașului Cluj-Napoca de pe Dealul Cetățuia
View of Cluj-Napoca from Cetățuia Hill

Bastionul Croitorilor, care făcea parte din fortificațiile de secol XV ale cetății Clujului
The Tailors' Bastion, part of Cluj's fifteenth-century fortifications

◂

Turnul cu Ceas (secolele XIII-XIV) străjuiește de veacuri intrarea principală în cetatea Sighișoarei

The Clock Tower (thirteenth-fourteenth century) has for centuries guarded the main gate to Sighișoara

Culorile pastelate ale fațadelor caselor săsești sunt o particularitate locală transilvăneană

The pastel-coloured façades of Saxon houses are a local Transylvanian peculiarity

Paginile anterioare / *Previous pages*:

Sighișoara, unul dintre puținele orașe-cetăți locuite din lume, poate fi o frumoasă ilustrare la o lecție de urbanistică medievală.

Sighișoara, one of the few inhabited city-citadels in the world, is a wonderful living illustration of mediaeval town planning.

Piața Trandafirilor din Târgu Mureș este mărginită de edificiile în stil Secession ale Palatului Prefecturii și Palatului Culturii, clădirea barocă a Palatului Toldalagy (azi, Muzeul de Etnografie și Artă Populară), Catedrala Ortodoxă, în stil neobizantin, Mănăstirea Iezuiților și Palatul Apollo

Roses Plaza in Târgu Mureș is flanked by edifices in the Succession style – the Palace of the Prefecture, the Palace of Culture – the Baroque Toldalagy Palace (now the Museum of Ethnography and Folk Art), the neo-Byzantine Orthodox Cathedral, the Jesuit Monastery, and the Apollo Palace

Mediașul a păstrat vechile fortificații medievale, precum și biserica Sfânta Margareta (secolele XIV-XV), al cărei turn de 70 m domină Piața Regele Ferdinand

Mediaș has preserved its old mediaeval fortifications, as well as the Church of St Margaret (fourteenth-fifteenth century), whose seventy-metre spire dominates King Ferdinand Square

Biserica Evanghelică (secolul XV) – simbolul orașului Bistrița, întemeiat de coloniștii sași în secolul al XII-lea
The fifteenth-century Evangelical Church – a symbol of the city of Bistrița, founded by Saxon colonists in the twelfth century

Turnul Dogarilor (secolul XV) și un fragment din vechiul zid de incintă al cetății
The fifteenth-century Coopers' Tower and a portion of the old city walls

Biserica Evanghelică din Sebeș, construită în stil romanic, ulterior transformată în stil gotic

Sebeș Evangelical Church, built in the Romanesque style, later altered in the Gothic style

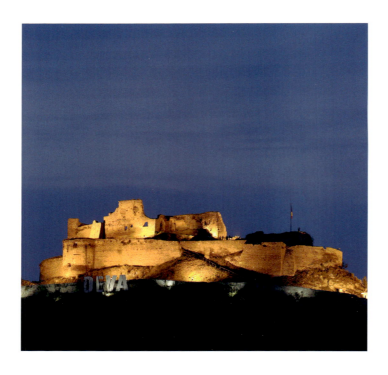

Cetatea Deva, de pe vârful unui deal de 371 m care domină orașul de pe Valea Mureșului, este menționată documentar din 1269

Deva Castle, at the top of a 371-metre-high hill, dominates the Mureș Valley, and is mentioned in documents dating back to 1269

Castelul Huniazilor sau Corvineștilor (secolul XIV) din Hunedoara – cel mai important monument transilvănean de arhitectură gotică laică

The fourteenth-century Castle of the Huniazi or Corvinești in Hunedoara is the most important monument of lay Gothic architecture in Transylvania

▶

Biserica Evanghelică din Codlea, fortificată în secolul al XV-lea

The Evangelical Church in Codlea, fortified in the fourteenth century

Parcul Palatului Brukenthal din Avrig, o construcție barocă din 1764

The park of the Brukenthal Palace in Avrig, a Baroque structure dating from 1764

◄

Paginile următoare / *Following pages*:

Alba Iulia – orașul în care, la data de 1 Decembrie 1918, s-a semnat actul unirii Transilvaniei, Banatului, Maramureșului și Crișanei cu România

Alba Iulia – the city where, on 1 December 1918, the Act of Union between Romania and Transylvania, the Banat, Maramureș and Crișana was signed

Transilvania, ținutul în care tradițiile românilor se împletesc cu cele ale sașilor, maghiarilor și secuilor, seamănă cu o imensă rezervație de arhitectură medievală
Transylvania, a realm in which Romanian traditions interweave with those of the Saxons, Magyars, and Szeklers, can be likened to an immense reserve of mediaeval architecture